Herz und Mund und Tat und Leben

Grundlagen, Aufgaben und Zukunftsperspektiven der Diakonie

Eine evangelische Denkschrift

Gütersloher Verlagshaus

Im Auftrag des Rates der Evangelischen Kirche in Deutschland
herausgegeben vom Kirchenamt der EKD

Die Deutsche Bibliothek – CIP-Einheitsaufnahme

Herz und Mund und Tat und Leben :
Grundlagen, Aufgaben und Zukunftsperspektiven der Diakonie ;
eine evangelische Denkschrift / [im Auftr. des Rates der Evangelischen Kirche
in Deutschland hrsg. vom Kirchenamt der EKD]. – 2. Aufl. –
Gütersloh : Gütersloher Verl.-Haus, 1998
ISBN 3-579-02369-1

ISBN 3-579-02369-1
2. Auflage, 1998

Umschlagentwurf: Brigitte Willberg, Vockenhausen
Satz: Weserdruckerei Rolf Oesselmann GmbH, Stolzenau
Druck und Bindung: Clausen & Bosse, Leck
Printed in Germany

Inhalt

Vorwort 7

1. Einführung 10

1.1 Zum Anlaß dieser Denkschrift –
Wicherns programmatische Rede 11
1.2 Biblische Orientierung 15
1.3 Rahmenbedingungen 18

2. Herausforderungen für das diakonische Engagement in einigen Beispielen 21

2.1 Arbeitslosen Hoffnung geben 21
2.2 Armen beistehen 22
2.3 Migranten annehmen 24
2.4 Kinder, Jugendliche und Familien fördern 25
2.5 Hilfesuchende beraten 27
2.6 Lebenschancen für Menschen mit Behinderungen
entfalten 28
2.7 Alte Menschen unterstützen 30
2.8 Kranken helfen 32
2.9 Sterbende begleiten 34

3. Weichenstellungen und Entscheidungen 37

3.1 Eintreten für das Recht des Nächsten 37
3.2 Gesellschaftspolitische Mitverantwortung
in Staat und Gesellschaft wahrnehmen 39
3.3 Innovationen wagen – neue Modelle erproben 43
3.4 Sich dem Wettbewerb stellen 47
3.5 Freiwillige mobilisieren – die Sozialkultur stärken 53
3.6 Mitarbeiterinnen und Mitarbeiter motivieren 57
3.7 Diakonisches Lernen anstoßen –
die Bildungsaufgaben wahrnehmen 61

3.8 Diakonie in der europäischen und weltweiten Dimension wahrnehmen 63
3.9 Die diakonische Kirche erneuern 67

4. **Dank** 74

Anhang – Leitbild Diakonie 76

Vorwort

»Herz und Mund und Tat und Leben muß von Christo Zeugnis geben«, heißt es in der gleichnamigen Kantate von Johann Sebastian Bach. Genau darum geht es beim Dienst der Christen an ihren Mitmenschen, den wir Diakonie nennen. Er ist ein Zeugnis von der Barmherzigkeit Gottes in Jesus Christus, von der Liebe Gottes, die allen Menschen gilt. Dieser Dienst wird nicht nur mit Herz und Mund geleistet, sondern auch mit Tat und Leben. Immer dort, wo Christen ihren Mitmenschen in Not zur Seite stehen, wo Mitarbeiterinnen und Mitarbeiter in der diakonischen Arbeit der Kirche engagiert ihren Dienst tun, Mitmenschen beraten, Hilfesuchende aufnehmen, ihnen zuhören, sie begleiten, ihnen zu essen geben, Bedürftige pflegen, kann etwas aufscheinen von der Liebe Gottes zu den Menschen. Dies ist christliche Diakonie.

Die hier vorgelegte Denkschrift will im Jubiläumsjahr der Diakonie diesen Dienst vor Augen stellen, an die biblischen Grundlagen diakonischer Arbeit erinnern und zur Mitwirkung in diesem Dienst Mut machen. Sie ist ein deutliches Ja der evangelischen Kirche zu ihrer Diakonie.

Die Denkschrift ist von einer Kommission aus fachkundigen Personen vorbereitet worden. Der Rat der Evangelischen Kirche in Deutschland und das Präsidium der Vereinigung Evangelischer Freikirchen danken den Mitgliedern der Kommission für die von Ihnen geleistete Vorbereitungsarbeit. Beide Leitungsgremien haben der Denkschrift nach eingehender Beratung gerne ihre Zustimmung zur Veröffentlichung gegeben. In dem Vorhaben einer gemeinsamen Denkschrift kommt zum Ausdruck, daß in der praktischen diakonischen Arbeit und auf der Ebene der Diakonischen Werke eine intensive Kooperation zwischen der Evangelischen Kirche in Deutschland und ihren Gliedkirchen sowie den evangelischen Freikirchen besteht.

Am 150. Jahrestag des denkwürdigen Wittenberger Kirchentages von 1848, als es durch Johann Hinrich Wichern zu entscheidenden Impulsen für die Kirche und ihre Diakonie kam, empfinden wir tiefe Dankbarkeit für den reichen Segen, den die evangelische Kirche und die ganze Gesellschaft durch die Diakonie erfahren haben. Vielen Menschen ist in Notsituationen geholfen worden,

viele haben den Halt und die Hilfe gefunden, die sie brauchten. Die Diakonie hat in vielen Menschen die Bereitschaft geweckt, sich persönlich als Christen zu engagieren oder gar den Dienst am Nächsten als Lebensberuf zu wählen.
Dankbar blicken die evangelischen Christen in Deutschland zurück auf die geschichtlich bedeutsame soziale und humanitäre Leistung, die seit den Anfängen der Inneren Mission von vielen Christen in der diakonischen Arbeit erbracht worden ist. Neben der diakonischen Arbeit der Gemeinden sind viele diakonische Werke und Einrichtungen entstanden: Krankenhäuser, Heime zur Erziehung von Kindern und Jugendlichen, Heime und Pflegeeinrichtungen für alte oder behinderte Menschen, Tagesstätten für Kinder, alte oder behinderte Menschen, Diakoniestationen, Hospizgruppen und anderes mehr. Die kirchliche Diakonie ist heute eine der tragenden Säulen des sozialen Gemeinwesens und des modernen Sozialstaats, an dessen Gestaltung sie in der Vergangenheit maßgeblich mitgewirkt hat und weiterhin beteiligt ist. All dies ist ein eindrucksvolles evangelisches Zeugnis von der Barmherzigkeit Gottes und der uns erwiesenen Liebe.
In unserem wohlhabenden Land sind viele der Probleme, die zu Wicherns Zeit vorherrschend waren, überwunden. Ein moderner Sozialstaat sichert heute seine Bürgerinnen und Bürger gegen soziale Lebensrisiken. Gleichwohl stehen wir vor neuen Aufgaben, die sowohl Veränderungen in den traditionellen diakonischen Arbeitsgebieten als auch neue Initiativen verlangen. Suchtkrankheiten, AIDS, Einsamkeit und Hilflosigkeit nehmen zu, Langzeitarbeitslosigkeit hat schwerwiegende soziale und gesundheitliche Folgen und ist in vielen Fällen von Verarmung und Obdachlosigkeit begleitet. Viele Alleinerziehende befinden sich in schwieriger Lage. Die Zahl der Hochbetagten nimmt fortlaufend zu. Dies alles zeigt: Wir brauchen heute nicht weniger Dienst am Mitmenschen und nicht weniger Solidarität und Gerechtigkeit in der Gesellschaft, sondern mehr. Wir brauchen ein verstärktes diakonisches Engagement als entschlossene Antwort auf die Nöte unserer Zeit und tatkräftige Hilfe zu ihrer Überwindung.
Große Herausforderungen und Veränderungen kommen hinzu. Mehr und mehr wird soziale Arbeit in Deutschland nach Wettbewerbsgesichtspunkten geordnet. Neben der sozialen Arbeit der freien Wohlfahrtsverbände treten privatwirtschaftliche Anbieter auf den

Plan. Ein Trend zur Privatisierung sozialer Lebensrisiken wird spürbar. Der Sozialstaat und mit ihm die ihn tragenden Einrichtungen sind in Finanzierungsprobleme geraten. Die Bedeutung der Zusammenarbeit der Diakonie mit unterschiedlichen Einrichtungen und Gruppen in der Zivilgesellschaft nimmt zu. Das vereinigte Europa mit seinen offenen Märkten und seiner Freizügigkeit führt zu wichtigen Veränderungen und neuen Aufgaben.

Die Kirche muß sich mit ihrer Diakonie, wie die Denkschrift unterstreicht, mit zukunftsweisenden Ansätzen auf die Herausforderungen einstellen, Bewährtes erhalten und fördern, Neues erproben und Veränderungen wagen. Deshalb brauchen wir auch ein neues, gemeinsames Nachdenken über den Dienst unserer Kirche in der säkularen Gesellschaft und über Rolle und Zukunftsaufgaben unserer Diakonie. Wir brauchen ein neues Nachdenken über das Miteinander von Wortverkündigung und Dienst am Mitmenschen in der Kirche, ein neues Fragen nach dem, was uns als ein besonderer Auftrag von Gott in der modernen, von Individualisierung, Wettbewerb und Internationalisierung bestimmten Industriegesellschaft gegeben worden ist, um die Menschenwürde zu wahren, Menschlichkeit zu ermöglichen und Lebensraum zu eröffnen. Wir sind dankbar dafür, daß dieses Nachdenken begonnen hat. Die vorgelegte Denkschrift wird für das jetzt in Gang gekommene Gespräch ein Beitrag sein. Sie will Anstöße vermitteln und zum Dialog einladen. Sie will an die Grundlagen unseres Glaubens erinnern und zum Engagement der Christen für ihre Mitmenschen und für eine solidarisches und gerechtes Gemeinwesen ermuntern.

Die Denkschrift kann und will kein vollständiges Bild von der diakonischen Arbeit der Kirche zeichnen. Vieles fehlt in ihr. Vieles muß einem weiteren Gespräch vorbehalten werden. Evangelische Kirche in Deutschland und Vereinigung Evangelischer Freikirchen hoffen gemeinsam auf eine interessierte Aufnahme und ein aufgeschlossenes und weiterführendes Gespräch.

Hannover / Frankfurt am Main, im September 1998

Präses Manfred Kock
Vorsitzender des Rates der EKD

Bischof Dr. Walter Klaiber
Vorsitzender der VEF

1. Einführung

(1) Noch nie lebten Menschen zusammen, ohne daß mitten unter ihnen Alte, Kranke, Schwache, Arme und Angefochtene Hilfe und Beistand brauchten – auch nicht in den Wohlstandsgesellschaften. Selbst der vermeintlich starke Mensch ist am Ende und am Anfang – und oft auf dem Wege – ein Schwacher. Niemand kann leben ohne die Hilfe anderer. Diakonie ist das handelnde Wort und die sprechende Tat der Christen in dieser Wirklichkeit.
Dieses Handeln der Christen ist ihre befreiende Antwort auf das heilende Wort Gottes und die Heilstat Christi. Die predigende Kirche ohne die diakonische Tat wäre leer – die Diakonie ohne das gepredigte Wort wäre blind. »Es geht um eine ›neue Bekehrung zur Diakonie‹, in der die Freude und Hoffnung, die Trauer und Angst der Menschen, die Hilfe nötig haben, zur Freude und Hoffnung, Trauer und Angst der Christen werden« (Gemeinsames Wort »Für eine Zukunft in Solidarität und Gerechtigkeit, Zi. 250). In gleicher Weise bedarf es einer Bekehrung zur Kirche.
Diakonie geschieht in der Diakonie des einzelnen Christen, in den Institutionen, in den Gemeinden und im Gottesdienst, in den Gemeinschaften, Vereinen, den Diakonischen Werken, Einrichtungen und Verbänden der Landes- und Freikirchen.

(2) Gegenwärtig steht die Diakonie unter besonderen Herausforderungen. Der Sozialstaat, in seiner Entwicklung mitgestaltet von der kirchlichen Diakonie, prägt die sozialen Arbeitsfelder in der Kirche und ihrer Diakonie. Damit sind sie herausgefordert, sich an der Diskussion über die Grenzen des Sozialstaats zu beteiligen. Die finanziellen Beschränkungen fordern eine Überprüfung bisheriger Handlungsformen und bringen zugleich neue Nöte und Aufgaben hervor. Es ist eine Tendenz zu beobachten, Lebensrisiken stärker als bisher zu privatisieren und eigene Verantwortung zu stärken. Aus Kostengründen werden Wettbewerbsmechanismen als Instrumente der Rationalisierung empfohlen.
Die Diakonie stellt sich dieser Auseinandersetzung und besteht auf folgendem: Notwendige Veränderungen dürfen nicht zur Begrenzung der gesellschaftlichen Solidarität führen; die Diakonie muß sich am Prozeß der Weiterentwicklung und des Umbaus des Sozial-

staats aktiv beteiligen und Solidarität und Subsidiarität in der Gesellschaft fördern. Es ist notwendig, praktikable Modelle für Soziales und dessen Finanzierung vorzulegen, die sich im Wettbewerb bewähren. Sie stellen für die Kirche und ihre Diakonie wichtige Herausforderungen dar und erfordern neue Weichenstellungen.

1.1 Zum Anlaß dieser Denkschrift – Wicherns programmatische Rede

(3) In der gegenwärtigen Umbruchssituation erinnert sich die Kirche und ihre Diakonie an Johann Hinrich Wichern. Am 22. September 1848, vor 150 Jahren also, rief Wichern in seiner berühmten Stegreifrede auf dem Wittenberger Kirchentag seine Kirche zur Hilfe für Mitmenschen in Not und zu einer Erneuerung auf. Es war die Zeit der industriellen Revolution in Deutschland mit ihren tiefgreifenden sozialen Folgen, eine Zeit des Elends für große Teile der Bevölkerung, die Auflösung alter Ordnungen: Die kirchlichen, vor allem aber sozialen Zustände der Zeit waren zum Teil verheerend, insbesondere in den Städten. Nicht nur Kinderarbeit und 16-Stundentag, sondern auch katastrophale Wohnverhältnisse, mangelnde gesundheitliche Versorgung, ungesicherte Lebensverhältnisse im Alter, Hunger und Verelendung waren an der Tagesordnung. Wicherns Rede hatte eine rasche und tiefgreifende Wirkung. Unmittelbar nach dem Kirchentag wurde der »Centralausschuß für die Innere Mission« gegründet. Wichern erhielt schon in der konstituierenden Sitzung den Auftrag, die in der Stegreifrede geäußerte knappe Überschau in die Form einer Denkschrift zu bringen. Diese ist unter dem Titel »Die innere Mission der deutschen evangelischen Kirche – Eine Denkschrift an die deutsche Nation« im Frühjahr 1849 veröffentlicht worden. Hundertfünfzig Jahre nach diesen Ereignissen fühlen wir uns verpflichtet, dieses Erbe in der vorliegenden Denkschrift aufzunehmen und weiterzuführen.

(4) Diakonische Arbeit der Kirche hat gegenüber der Zeit Wicherns nichts von ihrer Aktualität verloren. Armut, materielle oder soziale Notlagen von Familien, Migration, Orientierungslosigkeit, Marginalisierung, Sucht und Erkrankungen sind ein Teil unserer Lebensrealität, auch wenn sich die Soziale Frage heute anders stellt.

Außerdem ziehen tiefgreifende Umbrüche in Wirtschaft und Gesellschaft Veränderungen auch in der sozialen Sicherung nach sich. Auf diese neue Situation muß sich die Diakonie mit zukunftsweisenden Ansätzen einstellen, sie muß Bewährtes erhalten und fördern, Neues erproben und Veränderungen wagen.

(5) Die evangelische Kirche und ihre Diakonie verdanken Johann Hinrich Wichern bis heute wichtige Impulse, von denen hier nur einige erwähnt werden. Wichern sah wie Luther, daß nur eine grundlegende Reform die Kirche erneuern und zu ihrem Auftrag zurückbringen konnte. Wichern war überzeugt: »Wie der ganze Christus im lebendige Gottesworte sich offenbart, so muß er auch in den Gottestaten sich predigen, und die höchste, reinste, kirchlichste dieser Taten ist die rettende Liebe.« Die evangelische Kirche muß deshalb bekennen: »Die Liebe gehört mir wie der Glaube.« Es ist unzulässig, Jesus als Heiland der Sünder gegen Jesus als den Anwalt der Unterdrückten auszuspielen, den Glauben an den gekreuzigten Gottessohn gegen den Einsatz für den getretenen oder auch an den Rand gedrängten Menschen. Die Wirklichkeit mit »den scharfen Augen der Liebe sehen« heißt, bis in die Tiefen ihrer Nöte hinabzusehen. Die Wirklichkeit mit den rettenden Taten der Liebe gestalten heißt, mit aller Entschiedenheit und mit vollem Einsatz an ihrer Erneuerung zu arbeiten. Dieser Aufbruch in die soziale Verantwortung wurde auch durch Impulse aus dem freikirchlichen Bereich inspiriert, wo John Wesley und Johann Gerhard Oncken wichtige Anregungen gaben.

(6) Daß Diakonie Sache der Gemeinde sein sollte, war für Wichern ebenso klar wie sein Postulat, daß Diakonie »jedermanns Amt« ist. Das von Luther wiederentdeckte »allgemeine Priestertum der Gläubigen« muß zur Basis der diakonischen Gemeinde werden. Wichern war überzeugt, daß auf diese Weise die in der Gemeinde vorhandenen Begabungen (Charismen) zum Zuge kämen. So sehr sich Wichern gegen ein diakonisches Spezialchristentum gewandt hat, so sehr hat er vor »Dilettantismus in der Inneren Mission« gewarnt.

(7) »Die Innere Mission ist nicht eine Lebensäußerung außer oder neben der Kirche«, betonte Wichern, »sie will auch weder jetzt noch einst die Kirche selbst sein ..., sondern sie will eine Seite der Kirche selbst offenbaren, und zwar das Leben des Geistes der gläubigen

Liebe, welche die verlorenen, verlassenen, verwahrlosten Massen sucht ...«. Wichern ging es um drei Dinge: um die Förderung des diakonischen Bewußtseins des einzelnen Christen, um die Wahrnehmung der diakonischen Verantwortung der Gemeinde und um die Verankerung der Inneren Mission in der Kirche.

(8) Wichern wünschte ein Zusammenwirken der privaten (freien), der kirchlichen sowie der staatlichen (bürgerlichen) Armenpflege mit verteilten Rollen und sprach deshalb auch von einer »dreifachen Diakonie«:

- Zum ersten: Christen sind als einzelne, in ihren Familien, Gruppen und Vereinen zum freien Dienst der Liebe ermächtigt und verpflichtet; wo immer sie von Not und Schicksalen angerührt werden, finden sie ihre Aufgaben. In dieser diakonischen Bewegung sind seit dem 19. Jahrhundert viele Gemeinschaften, Vereine und Einrichtungen der Diakonie entstanden und prägen bis heute den sozialen Charakter der Zivilgesellschaft.
- Zum zweiten: Der spontanen Tat jedes einzelnen steht die christliche Liebestätigkeit jeder Gemeinde gegenüber. In einer eigenen Denkschrift hat Johann Hinrich Wichern im Diakonat der Gemeinde umfassend die Einführung jenes eigenständigen Amtes begründet, in dem die Kirche »die Würde und Fülle der Liebe zu den Armen bekundet.«
- Schließlich zum dritten: Dem politischen Gemeinwesen fällt »pflichtgemäß die Errichtung, Erhaltung und Verwaltung der ganzen institutionellen, d.h. derjenigen Armenpflege zu, die in öffentlichen Hospitälern, Armenhäusern und Schulen erfolgt.«

Diese dreifache Diakonie wird für Wichern im Diakonat der Gemeinde vermittelt.

(9) Die evangelische Kirche hat im 19. Jahrhundert vor der sozialen Frage in ihrer politischen Dimension versagt. Auch Wichern verstand sich nicht als politischer Reformer. Er hat in Wittenberg nur mit dürren Worten von der Schuld der Kirche gegenüber dem Proletariat gesprochen. Er gesteht ein, daß die Nöte des Proletariats nicht mit karitativen Mitteln gelöst werden können, sondern daß ein Rechtsanspruch des Proletariats vorliegt, um dessen Einlösung sich die Kirche bemühen muß. Dieser Rechtsanspruch wurde freilich erst sehr viel später ernstgenommen.

(10) Über alledem bleibt festzuhalten: Für Wichern lag das innere wie das äußere Elend ursprünglich begründet in der »seit lange gereiften Entchristlichung des Volkes«, von der er die Kirche seiner Zeit nicht gänzlich ausnahm. Es ging ihm vor allem um eine »Reformation oder vielmehr Regeneration aller unserer innersten Zustände«. Und: »Durch neue und erneute Taten und Offenbarungen des Glaubens und der Liebe auf diese Neugeburt hinzuwirken, ist die Kirche berufen.« Einmal unterstellt, Wichern bekäme unsere gegenwärtige kirchliche und gesellschaftliche Lage zu Gesicht – wäre es so abwegig, sich seine Reaktion wie folgt vorzustellen: »Was Ihr in Eurer Gesellschaft sozial erreicht habt, ist atemberaubend – aber die immer noch weiter fortschreitende Entchristlichung auch«? Wichern wollte gewiß die unmittelbare Not beheben – aber doch auch durch ›Taten der Liebe‹ die ›Offenbarungen des Glaubens‹ bezeugen, ja, ihnen den Weg überhaupt erst bereiten. Wir müssen heute feststellen: Gerade dort, wo Brot – und soziale Hilfe – zur Genüge vorhanden ist, gilt Jesu Hinweis (Mt 4,4) erst recht: »Der Mensch lebt nicht vom Brot allein, sondern von einem jeden Wort, das aus dem Mund Gottes geht.« Mit dem Hören auf Gottes Wort ist es in Wohlstand und Wohlfahrt kaum besser bestellt als in der Not, eher im Gegenteil. Und wie sieht es heute mit dem Weitersagen aus, mit der Inneren Mission?

(11) Es hat hundert Jahre gedauert, bis schließlich 1948 die Evangelische Kirche in Deutschland zum ersten mal für den Protestantismus in Deutschland in seiner Gesamtheit in ihrer Grundordnung erklärte, daß »die diakonisch-missionarischen Werke Wesens- und Lebensäußerungen der Kirche« sind. In Art. 1 des Kirchengesetzes vom 6. November 1975 heißt es darüber hinaus: Sie nimmt »ihre diakonischen Aufgaben unter Mitverantwortung ihrer Organe durch das Diakonische Werk wahr. Sie beauftragt das Diakonische Werk, diese Aufgaben für die Evangelische Kirche in Deutschland gegenüber den Gliedkirchen und ihren Werken, Verbänden und Einrichtungen, den anderen Verbänden der freien Wohlfahrtspflege, dem Staat und der Öffentlichkeit und gegenüber ökumenischen Partnern zu vertreten.« Diese Aufgaben nimmt das Diakonische Werk der Evangelischen Kirche in Deutschland (EKD) auch für die evangelischen Freikirchen und kirchlichen Gemeinschaften mit ihren diakonischen Einrichtungen wahr. In der Satzung des Diakonischen Wer-

kes sind kirchliches Interesse, diakonische Bewegung und wesentliche Impulse Wicherns vermittelt. »Die Kirche hat den Auftrag, Gottes Liebe zur Welt in Jesus Christus allen Menschen zu bezeugen. Diakonie ist eine Gestalt dieses Zeugnisses und nimmt sich besonders der Menschen in leiblicher Not, in seelischer Bedrängnis und in sozial ungerechten Verhältnissen an. Sie sucht auch die Ursachen dieser Nöte zu beheben. Sie richtet sich in ökumenischer Weite an einzelne und Gruppen, an Nahe und Ferne, an Christen und Nichtchristen. Da die Entfremdung von Gott die tiefste Not des Menschen ist und sein Heil und Wohl untrennbar zusammengehören, vollzieht sich Diakonie in Wort und Tat als ganzheitlicher Dienst am Menschen. ...« Evangelische Diakonie und katholische Caritas gehen heute nicht mehr getrennte Wege, sondern arbeiten in vielfältiger Weise zusammen.

1.2 Biblische Orientierung

(12) Christen leben in einer Welt, die von Bedürftigkeit, Not, Hinfälligkeit und Krankheit geprägt, aber auch von Selbstbezogenheit, Ausgrenzung und Unrecht zerrissen ist und in der die Schwachen in ihrer Existenz bedroht sind. Sie sind selbst Menschen, die auf Hilfe angewiesen sind, und sie begegnen Menschen, die Hilfe brauchen. Sie erkennen die Notwendigkeit, den Schwachen und Bedürftigen beizustehen. Sie hören die Klage der Schwachen und Bedürftigen, sehnen sich mit ihnen nach Erlösung und versuchen zu helfen. Diakonische Hilfe geschieht in der Nachfolge Jesu Christi, der sich mit den Geringsten unter seinen Geschöpfen identifiziert.

(13) Der Gott, »der Himmel und Erde gemacht hat«, erhört das Seufzen seiner Kreatur. Er ist zugleich der Gott der Barmherzigkeit und des Rechts. Er erbarmt sich seines Volkes, und er ist es, »der Recht schafft denen, die Gewalt leiden, der die Hungrigen speist« (Ps 146,6). Recht und Erbarmen, Gerechtigkeit und Barmherzigkeit Gottes bilden eine untrennbare Einheit (vgl. bes. 2. Mose 21,1 – 23,19). Die Bibel macht deutlich: Der wahre und einzige Gott ist der, der sich der Geringen und Armen erbarmt, der Witwen und Waisen, Entrechteten und Fremdlingen zum Recht verhilft. Als Götzen werden dagegen die Gottheiten im Umfeld Israels entlarvt und

verurteilt, die zum Machtmißbrauch und zur Rechtsverdrehung und damit zur Pervertierung des Gottesglaubens führen (vgl. Ps 82).

(14) Dies sind die Kernpunkte, die Jesus als »das Wichtigste im Gesetz« (Mt 23,23) nennt: »das Recht, die Barmherzigkeit und der Glaube« Gerade die Spannung zwischen diesen drei Formen und ihre wechselseitige Ergänzungsbedürftigkeit sind wichtig. Ohne allgemein eingespielte und erwartbare Barmherzigkeit, ohne den allgemeinen Willen zum Schutz der Schwachen degenerieren Recht und Gerechtigkeit. Die Rechtsentwicklung steht immer in der Gefahr, Schwächere und Benachteiligte in der Gesellschaft nicht adäquat mit einzubeziehen. In diesem Sinn haben die frühen Propheten Amos, Micha, Hosea und Jesaja kritisiert, daß immer größere Kreise von Menschen aus dem Netz der Rechte und Pflichten herausfallen. Die Gesellschaft, die sich nicht auf den Schutz der Schwachen verpflichtet und entsprechend ihre Rechtsentwicklung pflegt, verkommt. Wie ein roten Faden ziehen sich Bestimmungen des Erbarmens durch das Gesetz Gottes.

(15) Auch das dritte Element des Gesetzes ist unverzichtbar: der Glaube. Die persönliche und die öffentliche gemeinsame Gotteserkenntnis, der Gottesdienst, sind nach Einsicht der biblischen Gesetzesüberlieferungen nicht etwas, worauf die menschliche Gemeinschaft verzichten könnte. Im Gottesdienst bilden Menschen eine authentische Öffentlichkeit, eine unverzichtbare Voraussetzung für das »kulturelle Gedächtnis« und für die Ausbildung gemeinsamer normativer Erwartungen. Sie suchen nach Selbst- und Welterkenntnis »vor Gottes Angesicht«, nach universaler und wahrhaftiger gemeinsamer Erkenntnis und Selbsterkenntnis. Im Gottesdienst und im Glauben finden Menschen zusammen, um sich über ihre eigene Geschichte und über ihre gemeinsame Zukunft »in Gottes Perspektive« zu verständigen.

(16) Wer sich auf Gottes Perspektive einläßt, wird sich auf die Situation seines Nächsten einlassen. Gottesliebe und Menschenliebe gehören zusammen. Gott selbst ist Maßstab der Liebe: »Seid barmherzig, wie auch euer Vater barmherzig ist« (Lk 6,36) bzw. »Darum sollt ihr vollkommen sein, wie euer Vater im Himmel vollkommen ist« (Mt 5,48). Die Entsprechungsformel wird nun auch auf Jesus selbst

bezogen: »Liebt euch untereinander, wie ich euch geliebt habe« (Joh 13,34). »Wer ist größer?«, fragt Jesus. »Wer zu Tisch sitzt oder der dient? Ist es nicht, der zu Tisch sitzt? Ich aber bin unter euch wie ein Diener« (Lk 22,27), wörtlich »wie ein Diakon«. Im Zeichen des Dienens ist der Anbruch des Reiches Gottes in der Welt angekündigt.

(17) Zuwendung zum Mitmenschen ist Dienst. Sie ist Ausdruck des Glaubens an Gott, der sich den Menschen in Jesus Christus zugewandt hat. Diesem Gott dient seine Kirche in Liturgie (Gottesdienst), Martyria (Zeugnis), Koinonia (Gemeinschaft) und Diakonie (Dienst am Nächsten). Die Christen der frühen Gemeinde blieben nicht nur »beständig in der Lehre der Apostel, in der Gemeinschaft, im Brotbrechen und im Gebet« (Apg 2,42), sie sammelten auch für die Bedürftigen und setzten Armenpfleger im Sinne einer besonderen Beauftragung ein (Apg 6). Dies alles kennzeichnete sie als Gemeinde Christi.

(18) Dieses Dienen ist nach biblischem Verständnis eine Frucht des Glaubens. Wer in Christus, dem Weinstock (Joh 15,5), bleibt, bringt viele Früchte. Glauben und Früchte der Liebe gehören untrennbar zusammen. Es ist Gott, der in den Menschen das Gute wirkt. Der Glaube gibt der Liebe ihre Eigenart und ihre Kraft, und die Liebe erweist die Echtheit des Glaubens. Der Glaube wird in der Liebe greifbar, und die Liebe wird durch den Glauben eindeutig. Die Liebe ohne den Glauben macht die Erfahrung ihrer Ohnmacht, der Glaube aber vertraut auf die Macht der Liebe Gottes.

(19) Die Diakonie Gottes in der Einheit von Zeugnis und Dienst gilt allen Menschen. Wenn in der Magna Charta der Diakonie, in der Vision des großen Weltgerichts (Mt 25,40ff), bei den Geringsten unter den Brüdern und Schwestern Jesu an die Hungernden gedacht wird, die der Speisung bedürfen; an die Kranken, die die Pflege nötig haben; an die Gefangenen, die des besuchenden Beistandes bedürfen; an die Fremden und Heimatlosen, die eine Herberge benötigen – dann ist die Norm, nach der das Verhalten der Menschen beurteilt wird, universal. Überall dort, wo Menschen einander helfen, wo einer dem anderen gibt, was er braucht, wird die Gnade Gottes wirksam, die alle Welt überspannt. Hier wird ein universaler Maßstab genannt, der alle Maßstäbe übertrifft: »Selig sind die Barmherzigen,

denn sie sollen Barmherzigkeit erfahren« (Mt 5,3-10). Es ist deshalb kein Zufall, daß Jesus im Gleichnis vom barmherzigen Samariter gerade einen Angehörigen einer verachteten Minderheit und einer fremden Religion in den Mittelpunkt rückt (Lk 10,25-37).

(20) Diakonie hilft den in Not befindlichen Menschen ohne Ansehen ihres Glaubens und ihrer Person und hört nicht an den Grenzen der christlichen Gemeinde auf (vgl. Gal 6,10). Die ethische Evidenz dieser biblischen Maßstäbe findet sich auch in allgemeinen menschlichen Verpflichtungen zur Humanität und Mitmenschlichkeit. Die Diakonie rechnet darum mit Bündnispartnern guten Willens auch jenseits der Grenzen der eigenen Konfession oder Religion.

(21) Die biblisch begründete Verantwortung für den Mitmenschen ist nicht auf individuelle Hilfe für Notleidende beschränkt. Das Eintreten für das Recht des Menschen gilt auch der humanen Gestaltung der Strukturen: Liebe muß in und durch Strukturen wirksam werden. Deshalb sind Christen verpflichtet, in der Gemeinde wie im Gemeinwesen im Sinne einer politischen Diakonie zu einer solidarischen Gesellschaft beizutragen. Diakonie hat ihren Grund im Glauben an den Heiligen Geist, der Glauben wirkt und Gaben schenkt und zum Leben in versöhnter Gemeinschaft befähigt.

1.3 Rahmenbedingungen

(22) Die Diakonie hat den modernen Sozialstaat mitgestaltet. Das Grundgesetz verpflichtet den Staat zu einer demokratischen, sozialen und rechtsstaatlichen Ordnung (GG Art. 20 und 28). Seit der Weimarer Zeit ist ein partnerschaftliches Zusammenwirken zwischen Staat und freier Wohlfahrtspflege anerkannt. Es ist wesentlich für die Sozialgesetzgebung (insbesondere im Blick auf Bundessozialhilfegesetz, Kinder- und Jugendhilfegesetz). Seit dieser Zeit beruht das Sozialsystem der Bundesrepublik Deutschland auf den Prinzipien der Solidarität, der Pluralität, der Personalität und der Subsidiarität. Unterstrichen wurde diese besondere Stellung der Wohlfahrtsverbände in Art. 32 des Einigungsvertrages von 1990. Darin wird hervorgehoben, daß sie »mit ihren Einrichtungen und Diensten einen unverzichtbaren Beitrag zur Sozialstaatlichkeit des

Grundgesetzes leisten.« Ihr Aufbau und Ausbau »wird im Rahmen der grundgesetzlichen Zuständigkeit gefördert.« Die Diakonie als Spitzenverband der freien Wohlfahrtspflege ist öffentlich rechtlich anerkannt. Ihr besonderer Charakter wird durch Beschlüsse der Europäischen Union bestätigt.

(23) Das Subsidiaritätsprinzip räumt den Trägern der freien Wohlfahrtspflege einen »bedingten Vorrang« vor öffentlichen Trägern ein. Dies bedeutet: Der Staat enthält sich soweit und solange eigener Tätigkeit, solange und soweit freie gesellschaftliche Kräfte die sozialen Probleme bewältigen. Das Prinzip des bedingten Vorrangs wurde durch eine Entscheidung des Bundesverfassungsgerichts im Jahre 1967 bestätigt.

(24) Über die freie Wohlfahrtspflege hinaus ist die soziale und kulturelle Arbeit geprägt von den zahllosen nichtstaatlichen Initiativen, Gruppen, Verbänden und Einrichtungen, die soziale und kulturelle Aufgaben wahrnehmen und so dem Gemeinwohl in selbstbestimmtem Einsatz dienen. Sie bilden gemeinsam mit den engagierten Bürgerinnen und Bürgern die sog. »Zivilgesellschaft«. Bürgerschaftliches Engagement bietet den Rahmen, soziale Anliegen in Eigeninitiative und gemeinschaftlich zu artikulieren, damit sie politisch aufgegriffen und öffentlich verhandelt werden können. Die diakonische Arbeit der Kirche ist Teil dieses Engagements. Krankenbesuche, Hilfe für Flüchtlinge und Aussiedler, Spendensammlung in der Gemeinde, Mitarbeit im Diakoniearbeitskreis, Förderung eines Kindergartens der Gemeinde und Selbsthilfegruppen, dies alles ist Ausdruck eines gelebten christlichen Glaubens und zugleich ein Engagement im Rahmen der »Zivilgesellschaft«. Es gehört zur Realität der Diakonie, daß Kooperationen mit außerkirchlichen Stellen und Gruppen im sog. Dritten Sektor an der Tagesordnung sind. Kirchengemeinden initiieren mit kommunalen Stellen »Runde Tische sozialer Verantwortung« gemeinsam mit Verbänden der freien Wohlfahrtspflege, der Arbeitsverwaltung, der Wirtschaft und den Unternehmern, Gewerkschaften und dem Sozialamt und erstellen lokale Armutsberichte.

(25) Gemeinsam mit anderen Wohlfahrtsverbänden und Leistungsträgern steht die kirchliche Diakonie heute auf dem Prüfstand.

Die sozialen Probleme in Deutschland haben erheblich zugenommen. Die Arbeitslosigkeit hat einen nie dagewesenen Höchststand seit Kriegsende erreicht. Das drückende Problem dabei ist die Ausgrenzung von Langzeitarbeitslosen und mit ihr die Kinderarmut und die Nöte von Alleinerziehenden mit Kindern sowie einkommensschwachen Familien. Der Kreis der Pflegebedürftigen ist erheblich größer geworden. Eine große Zahl von Flüchtlingen ist ins Land gekommen. Der Beratungs- und Hilfebedarf steigt aufgrund der entstandenen Notlagen erheblich an. Die Diakonie ist daher stärker gefragt. Gleichzeitig sind die Ressourcen geringer geworden. Die Existenz von Beratungsdiensten und sozialen Angeboten ist durch den Rückgang öffentlicher und kirchlicher Förderung und durch den Rückgang der freiwilligen sozialen Leistungen an zahlreichen Stellen gefährdet. Die Unübersichtlichkeit des Hilfesystems überfordert die Hilfebedürftigen und fördert das Gefühl der Ohnmacht. Es kommt hinzu: Einsparungsprozesse in den Bereichen der sozialen Arbeit – etwa der Krankenpflege, der Rehabilitation, der Jugend- und Sozialhilfe – müssen mitvollzogen oder aufgefangen werden. Sie gefährden teilweise die Qualität und nicht selten auch den Bestand kirchlicher Sozialarbeit und Pflege. Zugenommen hat mit dem Kostendruck auch ein Trend zur Ökonomisierung und damit zu einer starken Konkurrenz der Leistungsanbieter untereinander. Diese Zunahme der sozialen Probleme ist Ausdruck einer gesellschaftlichen Transformationskrise. Krisen sind Chancen. Gerade im Wichernjahr ist dies Anlaß, uns an unseren biblischen Auftrag zu erinnern und uns den Herausforderungen der Gegenwart zu stellen.

2. Herausforderungen für das diakonische Engagement in einigen Beispielen

(26) Im folgenden sollen einige der Herausforderungen, vor denen die Diakonie gegenwärtig steht, und einige Schwerpunkte der diakonische Arbeit der Kirche geschildert werden. Dabei wird von einem Verständnis von diakonischem Engagement ausgegangen, das die einzelnen Christen, die Gemeinde, die Kirche, die kirchlichen Gruppen und Verbände sowie die Einrichtungen des Diakonischen Werks umfaßt.

2.1 Arbeitslosen Hoffnung geben

(27) Kirchengemeinden, diakonische Einrichtungen und Werke sowie freie Initiativen haben bereits beim Beginn der Massenarbeitslosigkeit in Westdeutschland in den 70er Jahren auf die menschlichen, sozialen und familiären Probleme der Arbeitslosen aufmerksam gemacht und konkrete persönliche Hilfe geleistet. In zahlreichen Städten und Landkreisen sind heute Beratungsstellen, häufig auch Treffpunkte (Cafés, Arbeitslosenzentren etc.) eingerichtet worden, um den von Arbeitslosigkeit Betroffenen konkrete Beratung und Hilfe anzubieten sowie Selbsthilfegruppen zu initiieren und zu begleiten. Hilfe in Einzelfällen leisten Pastoren und Pastorinnen sowie Kirchengemeinden durch Gespräche, Beistand und gelegentliche Geldspenden. Oft kommt es zu seelsorgerlichen Gesprächen mit Arbeitslosen, die deutlich machen, wie sehr Langzeitarbeitslosigkeit die Betroffenen in eine tiefe Sinn- und Lebenskrise stürzen kann. Die Kirche und ihre Diakonie beteiligen sich an Formen öffentlich geförderter Arbeit als Träger von Maßnahmen nach dem Arbeitsförderungsgesetz und wirken mit den Kommunen zusammen, um für ausgewählte Zielgruppen die Hilfe zur Arbeit im Rahmen sozialversicherungspflichtiger Arbeitsverhältnisse auszugestalten. Es gibt eine große Zahl von Initiativen aus dem Bereich der Kirche und ihrer Diakonie für Arbeitslose. Zu ihnen zählen Arbeitslosenfirmen der Diakonie ebenso wie Werkstätten, Sanierungs-, Reparatur- und Recyclingprojekte mit Arbeitslosen. Die sozialen Beschäftigungs- und Qualifizierungsgesellschaften der Diakonie umfassen derzeit rund 300 Einrichtun-

gen mit ca. 600 Projekten. In etwa ebenso vielen Projekten werden Jugendlichen Qualifizierungschancen geboten. Insbesondere sozial benachteiligte Jugendliche sind auf diese Angebote angewiesen. In diakonischen Stellen und in besonderen Agenturen werden Arbeitslose und Vorruheständler in ehrenamtliche Arbeit in der Kirche und ihrer Diakonie vermittelt.

(28) Die Diakonie darf sich nicht darauf beschränken, Arbeitslose zu begleiten. Sie hat im Blick auf die Hilfe für Menschen ohne Arbeit auch eine gesellschaftspolitsche Aufgabe. Ein wichtiger Teil diakonischen Engagements ist deshalb auch der Versuch, auf diejenigen in Politik, Wirtschaft und Gesellschaft im Interesse der betroffenen Arbeitslosen einzuwirken, die Entscheidung tragen. So sind kirchliche Erklärungen zur Arbeitslosigkeit (unter ihnen besonders die Studie: »Solidargemeinschaft von Arbeitenden und Arbeitslosen« von 1982 und die Erklärung der Sozialkammer zur Langzeitarbeitslosigkeit von 1987) ein öffentliches Eintreten der Kirche für die Belange der Arbeitslosen und ein Teil des gesellschaftspolitischen Engagements einer diakonischen Kirche. Auch die bewußtseinbildende Öffentlichkeitsarbeit von kirchlichen Verbänden und Akademien zum Thema Arbeitslosigkeit gehört zu diesem Engagement. Aber auch an »Runden Tischen sozialer Verantwortung« vor Ort suchen Christen mit ihren Gesprächspartnern gemeinsam nach konkreten Maßnahmen zur Verbesserung der Situation von Arbeitslosen. Hier kam es immer wieder zu erfolgversprechenden Kooperationen mit Arbeitsämtern, Kammern, Unternehmen, Gewerkschaften, Sozialämtern, Kommunen und berufsbildenden Schulen.

(29) Diakonie und Kirche tragen als Dienstgeber eine Verantwortung für die Beschäftigung. Sie müssen eigene Beiträge zu mehr Beschäftigung leisten und zugleich neue Beschäftigungsmodelle erproben.

2.2 Armen beistehen

(30) Die Hilfe für Arme zählt zu den originären diakonischen Aufgabenbereichen. Die beiden großen Kirchen in Deutschland haben in ihrem Gemeinsamen Wort »Für eine Zukunft in Solidarität und Gerechtigkeit« zur Armut deutlich Position bezogen: »In den letzten

20 Jahren ist mit dem Reichtum zugleich die Armut in Deutschland gewachsen. (...) Die Armut hat viele Gesichter und viele Ursachen. Sie ist mehr als nur Einkommensarmut.« (Ziff. 68) Die Kirche tritt nicht nur für die Rechte der Benachteiligten ein (wie sie etwa im Bundessozialhilfegesetz als Anspruch des einzelnen verbindlich definiert sind) und macht die Armut zu einem Thema in der Öffentlichkeit, sie hilft auch praktisch. So gibt es zahlreiche Initiativen in der Kirche und ihrer Diakonie, um die ganz elementaren Lebensbedürfnisse befriedigen zu helfen durch Suppenküchen, »Tafeln«, Vesperkirchen, Kleiderstuben. Diese Hilfen werden vor allem von Wohnungslosen und Notleidenden in extremen Problemlagen wahrgenommen. So wurden etwa an einigen Kirchen Hamburgs die ersten »Kirchenkaten« für und mit Wohnungslosen aufgestellt. Für einen Nachtdienst und die Mitarbeit in einem Nachtbus haben sich viele Freiwillige gemeldet. Hier entstehen neue Formen gemeinsamer Verantwortung, die auf eine neue Kultur des Helfens hinweisen.
Auch die diakonischen Wohnungsloseneinrichtungen (»Herbergen zur Heimat«) sind in den städtischen Zentren noch immer Anlaufstellen für Wohnungslose und Gefährdete, in denen eine erste Hilfe in elementaren Notlagen bis hin zur Krankenversorgung gewährt wird. Es entstehen immer neue Initiativen, die Wohnungslosen zur Seite stehen (betreutes Wohnen) und in Zusammenarbeit mit kommunalen und freigewerblichen Institutionen Sorge dafür tragen, daß die Betroffenen sowohl Arbeit als auch ein Zuhause finden. Kirchengemeinden in den Städten beteiligen sich an Projekten wie Obdachlosenzeitungen und Bürgschaften für Wohnungsuchende.

(31) Ein großer Teil von Personen, die zum Empfang von Sozialhilfe berechtigt wären, erhält diese aus unterschiedlichen Gründen (Unwissenheit, Scheu vor Behörden, Scham u.a.) nicht. Dies führt vor allem bei einkommensschwachen Familien dazu, daß ihre Mittel kaum für das Nötigste ausreichen. Die diakonische Beratung weist solche Bedürftige auf bestehende Hilfen hin und ermutigt sie, ihre Ansprüche geltend zu machen. Die Erfahrungen der allgemeinen Sozialberatung und der Spezialberatungen der Diakonie (Schuldnerberatung, psychologische Krisenberatung u.a.) zeigen, wie sehr diese Menschen Unterstützung brauchen, um ihr Leben eigenverantwortlich zu meistern. Armut fällt häufig mit Krankheit, Alter oder Behinderung, Arbeitslosigkeit, Überschuldung oder in-

stabilen familiären Verhältnissen zusammen. Die diakonischen Beratungsdienste geben hier Hilfen zur Selbsthilfe. Sie versuchen, notleidende Menschen in die Eigenständigkeit zurückzuführen.

(32) Die Kirchengemeinden leisten heute wichtige Beiträge zur Hilfe für Arme im Sprengel und Kirchenkreis. Dies beginnt bei Spendensammlungen in der Gemeinde, bei der unmittelbaren Hilfe für Betroffene in Form von Speisungen oder Nahrungsmittelgeschenken, Partnerschaften, finanziellen Einmalhilfen in besonderen Notfällen und reicht bis zur Betreuung von sozial Ausgegrenzten und Wohnungslosen im Stadtteil durch den gemeindlichen Diakoniearbeitskreis oder Besuchsdienstkreis oder die Beteiligung der Gemeinde an kooperativen Initiativen für Wohnungslose (Wärmestuben, Treffpunkten, Teestuben u.ä.) gemeinsam mit der Kommune und anderen engagierten Stellen.

(33) Es ist eine wichtige Aufgabe, die Wahrnehmung für die Armut in den Gemeinden zu schärfen und die Arbeit mit Armen in den Gemeinden zu stärken. Das gemeindliche Engagement für Arme darf sich nicht auf gelegentliche Einzelaktionen oder auf die Weihnachtszeit beschränken. Die Arbeit mit Armen sollte auch nicht ausschließlich bei einem kleinen Kreis von Engagierten in der Gemeinde oder ausschließlich bei den Seelsorgerinnen und Seelsorgern liegen. Es ist wichtig, daß die Arbeit verbreitert wird und die Hilfe für Arme zu einer Angelegenheit der gesamten Gemeinde wird. Es muß Problemnähe und Problembewußtsein sowie eine Kultur der Hilfe wachsen. Notwendig ist auch eine gut funktionierende Zusammenarbeit mit dem Kirchenkreis (bis hin zur finanziellen Unterstützung der Armenarbeit des Kirchenkreises durch die Gemeinden), dem örtlichen Diakonischen Werk sowie der Kommune.

2.3 Migranten annehmen

(34) Das Engagement gegen Ausgrenzung von Menschen fremder Herkunft und Ausländerfeindlichkeit ist eine diakonische Aufgabe. Die evangelische Kirche und ihre Diakonie bieten seit langem Hilfen zur Beratung, Unterstützung und Integration von Migranten an und treten für ihren Schutz ein. Neben Angeboten der Sozialberatung, der Rechts- und Verfahrensberatung und der Aus- und

Weiterwanderungsberatung zählen hierzu beispielsweise therapeutische Angebote für Flüchtlinge, Hilfen bei der Familienzusammenführung und bei der Rückkehr ins Heimatland, Sprachkurse, Spiel- und Lernhilfen, Gruppenarbeit und stadtteilbezogene Gemeinwesenarbeit, Unterstützung von Selbsthilfegruppen, Patenschaften für einzelne Migrantenfamilien, berufsorientierende Kurse und Ausbildungshilfen. Vielfach sind es gerade die Kirchengemeinden, die sich für Asylsuchende, für Aussiedler und Flüchtlinge einsetzen.

(35) Zentrale Herausforderung für die Kirche und ihre Diakonie ist es, zu einem besseren Zusammenleben von Einheimischen und Fremden, Deutschen und Ausländern und zum Abbau von Fremdenfeindlichkeit und Rassismus beizutragen. Als Fürsprecher der Migrantinnen und Migranten gegenüber Politik und Öffentlichkeit müssen sich die Kirche und ihre Diakonie auch an der Debatte zur Entwicklung einer Gesamtkonzeption für Zuwanderung und Integration beteiligen und zur Versachlichung der Debatte beitragen. Auch in dieser Hinsicht sind verstärkt Integrations- und Begegnungsmöglichkeiten zu entwickeln.

(36) Zum anderen geht es um die Gewährung konkreter Hilfe, um Schutz für Migranten und Angebote zu ihrer Orientierung und Integration in Deutschland. Die gemeindliche Integration der Aussiedler muß als eine wichtige Aufgabe des Gemeindeaufbaus betrachtet werden. Dabei ist zukünftig noch stärker die einheimische Bevölkerung im Rahmen stadtteilorientierter Gemeinwesenarbeit einzubeziehen. Der engen Kooperation zwischen Kirchengemeinden, diakonischen Fachdiensten, ehrenamtlichen Mitarbeiterinnen und Mitarbeitern und Initiativen kommt hier ein großer Stellenwert zu. Eine wichtige Aufgabe ist die Begleitung und Gewinnung weiterer ehrenamtlicher Mitarbeiterinnen und Mitarbeiter sowie die Unterstützung von Selbstorganisationen der Migrantinnen und Migranten.

2.4 Kinder, Jugendliche und Familien fördern

(37) Die Diakonie hat stets der Kinder- und Jugendhilfe hohe Priorität eingeräumt. Die Wichtigkeit dieses Arbeitsfeldes läßt sich allein daran einschätzen, daß heute von den rund eine Million Betreuungs-

plätzen in diakonischen Diensten und Einrichtungen jeder zweite Platz in diesem Bereich liegt. Die Kirche und ihre Diakonie haben durch ihre Kindergärten bzw. Tageseinrichtungen seit dem vorigen Jahrhundert eine gemeindenahe Angebotsstruktur für Kinder aufgebaut und wenden dafür bis heute erhebliche Eigenmittel auf. Ein flexibles Angebot an Kindertagesbetreuung, das sich an den Bedürfnissen der Kinder und Eltern orientiert, muß ausgebaut werden. Ziel ist es, weiterführende Konzepte für evangelische Tageseinrichtungen bereitzustellen, die familienübergreifende Erfahrungsräume für Kinder und Eltern eröffnen, und damit der zunehmenden Isolation und Überforderung moderner, meist kleiner Familien entgegenzuwirken. Das kirchengemeindliche Angebot wird so zum zentralen Kommunikationsort für Kinder und Eltern, für Jugendliche und Erwachsene in deren unmittelbarem Wohnumfeld.

(38) Neben den Kindergärten stehen vor allem Angebote der erzieherischen Hilfen für Kinder und Jugendliche, wie zum Beispiel Erziehungsheime und deren Ausbildungsangebote und Formen des betreuten Wohnens für Jugendliche, im Vordergrund. Diakonie und Kirche sind heute in besonderer Weise herausgefordert durch die Zunahme von Aggression und Gewalt unter Jugendlichen, aber auch durch Gewalt gegen Jugendliche. Während in der Vergangenheit die Heimerziehung für viele gefährdete Jugendliche der letzte und hilfreiche Rettungsanker war, gewinnt heute immer mehr die Verknüpfung von stationärer Erziehungshilfe und ambulanten Angeboten und Diensten an Bedeutung, insbesondere Projekte der mobilen Kinder- und Jugendarbeit.

(39) In den vergangenen Jahrzehnten hat die Diakonie an vielen Orten ein Netzwerk von Beratungsstellen und ambulanten Diensten in der Jugend- und Familienhilfe bis hin zur Jugendgerichtshilfe und zur Beratung arbeitsloser Jugendlicher weiterentwickelt.

(40) Familien zu fördern heißt in der Kirche und ihrer Diakonie, sie auch durch Angebote und Dienste, wie die Familienpflege, die sozialpädagogische Familienhilfe, die Kur- und Erholungseinrichtungen, zu entlasten. Diese Einrichtungen sind durch die Maßnahmen zur Konsolidierung des Gesundheitswesens und in der Sozialgesetzgebung insgesamt vielfach bedroht. Familien zu

fördern bedeutet auch, sich für eine gerechte Lastenverteilung zwischen arm und reich sowie eine sinnvolle Steuerpolitik einzusetzen. Familienentlastende Leistungen wie das Erziehungsgeld und der Erziehungsurlaub sollten so ausgebaut werden, daß eine gesellschaftliche Teilhabe von Familien mit Kindern sichergestellt ist.

2.5 Hilfesuchende beraten

(41) Es besteht eine ungebrochene Nachfrage nach Beratung und Seelsorge. Menschen verlangen nach Orientierung und Hilfestellung in persönlichen und sozialen Krisen in allen Lebenslagen. Die Beratungsarbeit in Diakonie und Kirche hat nach dem Zweiten Weltkrieg eine große Ausbreitung erfahren. Gut ein Drittel aller Beratungsstellen befindet sich in kirchlich-diakonischer Trägerschaft. Beratung ist für alle diakonischen Handlungsfelder konstitutiv. Zu den grundlegenden Aufgabenbereichen zählen Telefonseelsorge und Bahnhofsmission. Zu den wesentlichen Aufgaben der psychosozialen Beratung gehören die Alleinerziehendenberatung, die Ehe-, Familien- und Lebensberatung, die Erziehungsberatung, die Kinder- und Jugendberatung, die Beratung für psychisch Kranke, die Schwangerschafts- und Schwangerschaftskonfliktberatung, die Sozial- und Schuldnerberatung sowie die Suchtberatung. Die Diakonie bietet zahlreichen sozialen Gruppen wie Arbeitslosen, Ausländern, Aussiedlern und Asylbewerbern, Kriegsdienstverweigerern, Wohnungslosen, Menschen mit einer Behinderung und ihren Angehörigen u.a. eine spezialisierte Beratung an. Eine verkündigende Kirche kann sich der Beratungsaufgabe in der Krisenintervention wie im präventiven Bereich nicht entziehen.

(42) Die in Ostdeutschland durchgeführte Lebenslagenuntersuchung »Menschen im Schatten« hat unterstrichen, wie akzeptiert Beratungsdienste selbst in einem säkularen Kontext sind. Allerdings macht die Studie auch deutlich, daß Kirchengemeinden weitgehend ihre Vermittlungsaufgabe bei sozialen Nöten nicht wahrnehmen. Dies dürfte in West- und Ostdeutschland in gleicher Weise gelten. Dabei hätten sie die große Chance, das sich an die Beratungsstellen und ihre Mitarbeiterinnen und Mitarbeiter richtende

Vertrauen von Menschen zu nutzen. Oft scheinen sie nicht einmal die sozialen Probleme ihrer Mitglieder und der Menschen in ihrem Einzugsbereich wahrzunehmen. Es wäre eine große Chance für die Kirche, das Vertrauen der Hilfesuchenden, die kirchliche Beratung in Anspruch nehmen wollen, aufzunehmen. Ebenso muß Beratungsarbeit in diakonischer Trägerschaft den Kontakt zu den Kirchengemeinden suchen und intensivieren. In der Vernetzung beider Seiten kann sich eine kirchengemeindliche Sozialarbeit entwickeln, die den Kontakt zu den Gemeinden verstärkt und mit dem sozialkaritativen Ehrenamt zusammenarbeitet.

2.6 Lebenschancen für Menschen mit Behinderungen entfalten

(43) Soziale Integration von Menschen mit Behinderungen ist ein zentrales Anliegen der Diakonie und ihrer Behindertenhilfe. Menschen mit Behinderungen soll die volle Teilnahme am Leben in der Gesellschaft eröffnet werden. Ihnen soll die Möglichkeit gegeben werden, »dabei zu sein«, ein erfülltes Leben zu führen, sich wohlzufühlen, zu kommunizieren und hinzuzulernen.

(44) Die Angebote diakonischer Behindertenhilfe sind differenziert und vielfältig, entsprechend der Bedarfs- und Lebenssituation von Menschen mit Behinderungen und ihrer Angehörigen. Frühförderstellen bieten Beratung, Unterstützung und therapeutische Angebote für Familien mit behinderten Kindern im Vorschulalter. Kindertagestätten und Schulen ermöglichen Erziehung, Bildung, Wissenserwerb und soziales Lernen. Familienentlastende Dienste unterstützen Familienmitglieder mit behinderten Angehörigen. Vielfältige, am individuellen Unterstützungsbedarf orientierte Wohnangebote ermöglichen Selbstbestimmung und Selbstverwirklichung im Wohnbereich als dem zentralen Lebensmittelpunkt. Mit ihrem ganzheitlichen Hilfeangebot bieten große diakonische Einrichtungen umfassende Unterstützung zur Lebensgestaltung als »Orte zum Leben« für Menschen mit Behinderungen. Junge Menschen mit Behinderungen können durch umfassende Förderung in Berufsbildungswerken einen qualifizierten Berufsabschluß erwerben. Erst dadurch wird ihnen der Zugang zur Arbeitswelt und die Chance eröffnet, durch Erwerbsarbeit ihr Leben eigenverantwortlich zu ge-

stalten. Werkstätten für Behinderte vermitteln berufliche Bildung, Arbeit und Beschäftigung für diejenigen, die nicht auf dem allgemeinen Arbeitsmarkt tätig sein können.

(45) In den vergangenen Jahren haben sich in den Einrichtungen der Behindertenhilfe tiefgreifende Veränderungen ergeben. Bei den Bewohnerinnen und Bewohnern handelt es sich in zunehmendem Maße um schwermehrfachbehinderte Menschen. Neben körperlicher und geistiger Behinderung treten weitere schwere Erkrankungen oder ein Fortschreiten der Grundbehinderung hinzu. Diesem Personenkreis stehen heute häufig nur die Einrichtungen der diakonischen Behindertenhilfe offen.

(46) Eine besondere Herausforderung diakonischer Behindertenhilfe ist gegenwärtig die Ausgestaltung bedarfsgerechter Angebote für die seit einigen Jahren zunehmende Zahl älterer und alter Menschen mit geistiger Behinderung. Es gilt nun, zusammen mit diesen Personen Möglichkeiten der altersgerechten Lebensgestaltung zu entwickeln und zu sichern.

(47) Mit der Entwicklung regional orientierter, differenzierter, wohnortnaher Hilfeangebote versucht die Diakonie, die Forderung nach möglichst selbstbestimmter Lebensführung von Menschen mit Behinderungen aufzunehmen und in Konzepte der Hilfe umzusetzen, die an der angestammten Lebenswelt der Betroffenen orientiert sind. Diese Angebote müssen der Individualität und dem Selbstbestimmungsrecht der Menschen mit Behinderungen gerecht werden und damit dem christlichen Bild des Menschen entsprechen. Das Wahl- und Selbstbestimmungsrecht von Menschen mit Behinderungen kann erst verwirklicht werden, wenn der Anspruch auf notwendige Leistungen im Sozialrecht verankert ist. Wo Menschen wegen ihrer Behinderung auf Almosen angewiesen sind, wird ihre Würde verletzt. Das Diakonische Werk der EKD hat sich deshalb für die Ausgestaltung und Fortentwicklung des sozialen Leistungsrechts für Menschen mit Behinderungen eingesetzt und den Tendenzen der letzten Jahre, diese Rechtsansprüche zu reduzieren, entschieden widersprochen.

(48) In die Gestaltung von Hilfen für Menschen mit Behinderungen unter dem Aspekt der Regionalisierung müssen sowohl die jeweili-

gen Kirchengemeinden wie auch die diakonischen Einrichtungen einbezogen werden. Große diakonische Träger bieten mit ihren Erfahrungen, ihrer Fachkompetenz, ihren personellen und sächlichen Ressourcen eine geeignete Basis für die Umsetzung von regionalisierten Hilfeangeboten. Regionalisierung, die ausgeht vom Bürger mit Hilfebedarf, erfordert von Kirchengemeinden und diakonischen Einrichtungen und Diensten die Akzeptanz und das Eingehen auf den Hilfebedarf derjenigen, die in den Gemeinden leben. Als Aufgabe der Gemeinde kann die Sorge dafür angesehen werden, daß Menschen mit Behinderungen alle lebensweltlichen Hilfen erhalten, die die praktische Integration in das Gemeindeleben als Bestandteil der Lebenswelt fördern.

2.7 Alte Menschen unterstützen

(49) Begleitung von alten Menschen und Hilfe ist ein wichtiger Teil der Altenarbeit der Kirchengemeinden. Hier bestehen Seniorenkreise und Lebensbegleitung von alten Gemeindegliedern (etwa durch ehrenamtliche engagierte Mitarbeiterinnen und Mitarbeiter des Besuchsdienstkreises) ebenso wie die Förderung von Eigen- und Selbsthilfe. In vielen Fällen werden sogar demente oder anders erkrankte ältere Menschen durch die Gemeinde in ihrer angestammten Lebenswelt versorgt. Wichtig ist in diesem Zusammenhang die Zusammenarbeit der Gemeinde mit ortsnahen Pflegeheimen und Einrichtungen »betreuten Wohnens«. Solche Einrichtungen können ihrer Aufgabe nicht ohne ein sorgendes Umfeld nachkommen, in denen die Ressourcen der Ortsgemeinde, des Stadtteils, des gewohnten Lebensumfeldes gezielt aktiviert und zum Wohle der Betroffenen eingesetzt werden. In diesem Sinne kann sich die Gemeinde als therapeutische und seelsorgliche Gemeinschaft bewähren.

(50) Um Selbständigkeit und Autonomie geht es vor allem auch im Bereich der ambulanten Hilfe. Schwestern und Pfleger sind gemeinsam mit einer Vielzahl anderer Dienste darauf vorbereitet, Hilfebedürftige in einer eigenen Wohnung zu pflegen und ihnen ein Leben zu Hause zu ermöglichen. Eine Vielzahl von haupt- und ehrenamtlichen Mitarbeiterinnen und Mitarbeitern hilft durch

kontinuierliche Betreuung. Die Diakonie- bzw. Sozialstation ist nicht »nur« eine ambulante Pflegestation, sondern auch Beratungs-, Anlauf-, Kontakt-, Vermittlungs- und Koordinierungsstelle. Manchmal ist die Pflege gerade nicht gefordert, sondern es geht um Hilfe in alltäglichen Situationen. Hier gibt es die Möglichkeit, Mitarbeiterinnen und Mitarbeiter der mobilen ambulanten Dienste in Anspruch zu nehmen. Sie helfen bei Notsituationen in Familien, leisten Unterstützung im Haushalt, erledigen Einkäufe, begleiten zu Ämtern und Behörden oder unterstützen auch teilweise bei der Körperpflege.

(51) Unter dem Stichwort »Alte Menschen helfen sich selbst« entstanden überall in Deutschland Selbsthilfeorganisationen und -initiativen auch im Bereich der Diakonischen Werke, die sich bestimmten Themen (z.B. alterstypische Gesundheitsbeeinträchtigungen), der gegenseitigen Hilfe im Alltag oder der gemeinsamen Freizeitgestaltung zur Vermeidung von Alterseinsamkeit widmen. Ehrenamtlich Mitarbeitende werden als Vermittler geschult, d.h. sie fördern das Selbsthilfepotential alter Menschen, sprechen sie an und aktivieren sie. Jede und jeder soll sich in die entstehende Gruppe mit seinen bzw. ihren eigenen Fähigkeiten einbringen. Seniorengenossenschaften, Selbsthilfeinitiativen und Selbsthilfeberatung können einen wesentlichen Teil der Hilfe für alte Menschen übernehmen und zusätzlich zur Errichtung von Beratungs- und Kontaktzentren, zur Unterhaltung von Tageszentren und Seniorenrestaurants beitragen.

(52) Der Verbleib in der eigenen Wohnung ist der Wunsch der meisten älteren Menschen. Zum einen, weil damit zumeist ein hohes Maß an Selbständigkeit erhalten bleibt, zum anderen, weil das Bedürfnis nach Kontinuität und Heimat befriedigt werden kann. Diesem Anliegen dient die offene Altenarbeit. Ihr Schwerpunkt liegt auf dem Erhalt der möglichst selbständigen und eigenverantwortlichen Lebensführung. Die offene Altenarbeit ist in hohem Maße auf die Mitarbeit von Ehrenamtlichen aus dem engeren oder weiteren Lebensumfeld der Betroffenen angewiesen. Besonders hilfreich ist auch hier die Mithilfe von ehrenamtlichen Alten, die aus eigener Betroffenheit in ihren jeweiligen (Kirchen-) Gemeinden und Bezirken nach dem Grundsatz mitgestalten möchten: »Altenarbeit nicht für Alte, sondern mit den Alten.«

(53) Das Gewicht der kirchlichen Altenarbeit liegt heute zumeist bei den Einrichtungen der verfaßten Diakonie. Ihre Arbeit umfaßt stationäre Altenarbeit ebenso wie die offene Altenarbeit, die ambulante Hilfe und die Unterstützung von Selbsthilfeorganisationen. In dieser Hinsicht hat sich die Altenarbeit in der Kirche und ihrer Diakonie grundlegend geändert. Einhergehend mit diesen konzeptionellen Veränderungen hat sich auch ein neues Pflegeverständnis entwickelt, das geprägt ist von dem Grundgedanken einer aktivierenden und auf die Individualität des Bewohners zugeschnittenen Pflege. Dabei stehen nicht die »Versorgung«, sondern Unterstützung und Förderung einer größtmöglichen Selbständigkeit und Autonomie des älteren Menschen im Vordergrund.

(54) Im Bereich der stationären Altenarbeit ist das Angebot inzwischen auf die verschiedensten Bedürfnisse und Vorstellungen des älteren Menschen hin ausgebaut worden. So gibt es nicht mehr »Das Altenheim« oder »Das Pflegeheim«, sondern unterschiedliche Häuser und Konzepte, die zukunftsweisend sind für ein Leben in einer Einrichtung. Das Angebot umfaßt Altenwohnungen mit altersgerechter Ausstattung, betreutes Wohnen, Kurzzeitpflege, Tagespflege, Altenheime und Pflegeeinrichtungen. Letztere spielen eine zunehmende Rolle, denn die Zahl der Schwerstpflegebedürftigen ist in den letzten Jahren erheblich gestiegen. Sicher ist die Anzahl der Plätze noch nicht ausreichend, jedoch bemühen sich die verschiedenen Träger seit Jahren um einen weiteren Ausbau. Altenwohnheime und Einrichtungen für Altenwohnungen entwickeln sich tendenziell zu Stätten des »betreuten Wohnens«, in denen differenzierte Angebote zur Versorgung und Pflege in Anspruch genommen werden können.

2.8 Kranken helfen

(55) Krankheit, gesundheitliche Beschwerden und Siechtum sind ein Teil der Lebensrealität und damit ein Schicksal, das jeden treffen kann und trifft. Selbst der Begriff Gesundheit schließt die Einschränkung und die Belastung mit ein. Pflege, Seelsorge und heilendes Handeln prägen sowohl die nachbarschaftliche und gemeindenahe Krankenpflege als auch die kirchlichen Krankenhäuser. Ein

Drittel aller Krankenhäuser in Deutschland ist heute in kirchlicher Trägerschaft. Mehr als ein Viertel der Mitarbeiterinnen und Mitarbeiter der Diakonie arbeiten in evangelischen Krankenhäusern. In diesen Krankenhäusern wird versucht, den Charakter einer kirchlichen Krankenversorgung deutlich zu machen. Aufgrund der oft schwierigen Arbeitsbedingungen in den Krankenhäusern fällt es nicht immer leicht, diesem Selbstanspruch gerecht zu werden.

(56) Auch in der zeitgemäßen Form gemeindenaher, ambulanter Krankenversorgung, d.h. bei den flächendeckend eingeführten Sozialstationen, ist eine hohe Zahl in kirchlicher Trägerschaft. In vielen Gemeinden haben sich die Gemeinde-Krankenpflege oder Besuchsdienste auf ehrenamtlicher Basis als eine wichtige Stütze dieser Versorgungseinrichtungen erwiesen. Ziel der Diakoniestationen ist es, eine personennahe Krankenpflege ambulant sicherzustellen und die Verzahnung mit der stationären Versorgung einerseits und dem diakonischen Handeln der Kirchengemeinden andererseits zu erreichen.

(57) Für die nachstationäre Behandlung gibt es inzwischen auch in der Diakonie ein breit gefächertes Angebot: Die chronisch Kranken, auch Menschen mit Altersbeschwerden, werden nach einer genauen Diagnostik mit klaren Anweisungen an die Sozialstationen verwiesen. Rehabilitationseinrichtungen und Kurkliniken bieten spezielle Hilfen an.

(58) Häufig durch Klinikseelsorge angeregt und durch sie unterstützt, finden sich mehr und mehr Selbsthilfegruppen etwa von Krebskranken, psychisch Kranken, Suchtkranken u.a. zusammen. Sie haben in den letzten Jahrzehnten mit Recht einen immer höheren Stellenwert bekommen. Es ist wünschenswert, wenn Kirchengemeinden solchen Selbsthilfegruppen Räume zur Begegnung und materielle Unterstützung geben. Hier wird die Mündigkeit von Patienten gestärkt und zu stabilem Umgang mit dem bleibenden Leiden angeleitet. Was in den Familien und Nachbarschaften an freiwilliger Pflege täglich geleistet wird, entzieht sich der statistischen Erfassung. Die Verkündigung und Seelsorge evangelischer Gemeinden wird es als eine ihrer Aufgaben ansehen, die Bereitschaft dafür zu wecken und, wo eine andauernde Beanspruchung entsteht, zu stärken.

(59) Die guten Erfahrungen mit Ethikkomitees bieten christlichen Krankenhäusern die Chance für profilierte, eigenständige, wertgebundene Arbeit. Diese Komitees haben das Ziel, das Anliegen einer tieferen und expliziten Integration der Ethik in den Alltag des Krankenhauses für alle Betroffenen und Beteiligten sichtbar, spürbar und sinnvoll mitvollziehbar werden zu lassen. Mit diesen Ethikkomitees wird nach innen und außen dokumentiert, daß Diakonie ethisch qualifizierbare Dienstleistungen erbringt und von ihrem Grundanliegen her sich jeder Art der Reduktion und Bevormundung widersetzt. Jede Handlung und Behandlung muß sich in diesem Sinne hinterfragen lassen, ob und wieweit sie wirklich dem Interesse des Kranken dient.

(60) Eine wichtige Bedeutung für das christliche Krankenhaus spielt die Seelsorge. Sie vermag Fesseln der Krankheit zu lockern, oft auch zu lösen. Sie ist nicht nur seelsorgerliches Gespräch mit Patienten, sondern auch Hilfe für Ärzte in Entscheidungsfragen von ethischer Relevanz und Hilfe für Therapeuten und Pflegekräfte, die ihren Dienst als »Seelsorge ohne Worte« verstehen. Auch viele Ehrenamtliche begleiten in diesem Sinn Kranke und versuchen, ihnen beizustehen. Gegenwärtig besteht die Schwierigkeit, daß immer weniger Seelsorger für immer mehr Patienten zuständig sind. Dabei müßten nicht allein Theologinnen und Theologen diesen Dienst der christlichen Gemeinde übernehmen. Die Gemeinden könnten bereits vorhandene Modelle auswerten und übernehmen und phantasiereiche Formen aktiver Laienseelsorge anregen und entwickeln. Hier können auch neue Gottesdienst- und Kommunikationsformen eine wichtige Rolle spielen, in die Angehörige und Freunde einbezogen werden. Die Bereitschaft des ärztlichen und pflegerischen Personals zur Beteiligung an der Seelsorge kann gefördert und integriert werden.

2.9 Sterbende begleiten

(61) Im Angesicht des Todes wollen Menschen in Würde sterben. Christen können in solchen Augenblicken erkennen, daß es möglich ist, dem schweren Augenblick standzuhalten und ihren Freunden oder Angehörigen in ihren schwersten Stunden beizustehen. In kleinen Handreichungen, in schlichter Anwesenheit und schon im Zuhören drückt sich Zuwendung aus. In aufmerksamer und

behutsam begleitender Nähe können sie etwas von der Liebe Gottes vermitteln und zugleich von den Sterbenden selbst Stärkung erfahren. In vielen christlichen Familien wird Beistand für sterbende Angehörige oder Freunde als Ausdruck gelebten Glaubens praktiziert. Es gibt Traditionen des Abschiednehmens in liebevoller und feierlicher Atmosphäre, in der das »Heimgehen in die Ewigkeit« für alle Angehörigen wie für den Sterbenden zum selbstverständlichen Teil des Lebens gehört. Das Gebet wird als eine Quelle des Trostes und der Kraft erfahren.

(62) Sterbebegleitung hat es in der Kirche bereits seit ihren frühen Anfängen gegeben. Diese Arbeit hat in der Geschichte von Diakonie und Kirche eine lange Tradition. Es ist erfreulich, daß sich ganz selbstverständlich Gemeindeglieder bereit finden, an dieser Aufgabe mitzuwirken. Dies geschieht in Besuchen, in Hilfe für die pflegenden Angehörigen und durch Zeichen des Beistandes. Gerade in solchen Fällen ist es wichtig, daß sich die Gemeinde als »Koinonia«, als Gemeinschaft versteht, die Beheimatung ihrer Glieder in der Gemeinde durch Hilfen deutlich macht und in Verkündigung, Gottesdienst, Seelsorge und Begleitung dem Sterben in der eigenen Gemeinde Raum gibt.

(63) In den Krankenhäusern und Hospizen geht es neben guter schmerztherapeutischer Behandlung durch medizinisches Fachpersonal um die seelsorgerliche Begleitung Sterbender, den Beistand für trauernde Angehörige und Freunde und persönliche Nähe und Hilfe, die sich unmittelbar aus dem christlichen Verständnis des Lebens und Sterbens herleiten. Aber es geht auch darum, in der Gesellschaft das Bewußtsein für Begrenztheit und Vergänglichkeit des Lebens zu wecken und so zu einer Ethik der Endlichkei, der Selbstbegrenzung und der Solidarität beizutragen. Bei der Begleitung Sterbender geht es darum, Formen gemeinschaftlicher und alltäglicher Problembewältigung zu entwickeln, die Notwendigkeit ehrenamtlichen Engagements bewußt zu machen und die Frage nach verpflichtender Sozialzeit zu stellen. Im Christentum ist die Überzeugung verankert, daß die Würde jedes, also auch des kranken, hinfälligen und sterbenden Menschen unbedingt zu achten und zu schützen ist. Diese Würde muß im Leben und im Sterben zu ihrem Recht kommen. Fragen der finalen Medizin müssen in christlichen

Krankenhäusern anders behandelt werden. Dies ist ein Stück ihrer Legitimität. Damit können sie Zeichen setzen.

(64) Die Begleitung Schwerkranker und Sterbender geschieht nicht nur in Krankenhäusern und Pflegeheimen der Diakonie. Darüber hinaus bieten bundesweit ambulante Dienste für Sterbebegleitung, teilstationäre Einrichtungen, Hospize (Pflegeeinrichtungen für Sterbende) und Palliativstationen (Pflegeeinrichtungen für zumeist sterbende Schmerzpatienten) ihre Hilfe an. Die Arbeit wird weithin durch ehrenamtliche Hospizhelferinnen und Hospizhelfer getragen. Sie ermöglichen die Integration der Sterbenden und ihrer Angehörigen in ein sie tragendes Umfeld. Der Großteil der Hospizdienste arbeitet in ökumenischer Ausrichtung zusammen. Spenden kommen von Freundeskreisen oder Fördervereinen und aus evangelischen und katholischen Kirchengemeinden. Den Kern der Hospizarbeit bildet ein interdisziplinär arbeitendes Team (Krankenschwester, Sozialarbeiterin, Geistlicher, Ärztin u.a.). Das Team verfügt über spezielle Kenntnisse und Erfahrungen in der medizinischen und pflegerischen Beeinflussung der das Sterben oftmals belastenden Symptome, insbesondere der Schmerzen. Die »Hospizbewegung« als eine Selbsthilfebewegung ist weit überwiegend im kirchlich-diakonischen Raum verankert. In ihr hat sich ein eindrucksvolles Zusammenwirken von ambulanter und stationärer Sterbebegleitung entwickelt.

3. Weichenstellungen und Entscheidungen

3.1 Eintreten für das Recht des Nächsten

(65) Diakonischer Dienst legt Gewicht auf Freiheit, Mündigkeit und Selbständigkeit des hilfesuchenden Menschen und auf seine Teilhabe am gesellschaftlichen Leben. Deshalb setzt sich die Diakonie dafür ein, daß seiner Gottesebenbildlichkeit und Würde dadurch Rechnung getragen wird, daß ihm Recht verschafft wird. Soziale Strukturen sind so zu gestalten, daß der Hilfesuchende seinen Anspruch auf Menschenwürde auch selbst verwirklichen kann.

(66) In einer Zeit, die von einer zunehmenden Dominanz des Ökonomischen, von Spuren sozialer Kälte, von einer fortschreitenden Privatisierung der sozialen Lebensrisiken, von zunehmender Ungleichheit zwischen Bessergestellten und Benachteiligten gekennzeichnet ist, steht die Diakonie auf der Seite der Hilfebedürftigen, der Armen, Benachteiligten und Ausgegrenzten. Sie nimmt den einzelnen Menschen wahr, pflegt, heilt, tröstet, stärkt und fördert ihn in seinen Belangen. Die Diakonie widerspricht einem Menschenbild vom ausschließlich starken, gesunden und leistungsfähigen Menschen, der keiner Hilfe bedarf; sie sieht vielmehr den ganzen Menschen, also auch Krankheit, Behinderung, Gefährdung und Tod sowie die Krisen mitten im Leben. Ihr Menschenbild ist bestimmt von der Würde der Menschen und ihrer Rechte, aber auch von der Gebrochenheit menschlicher Existenz, von menschlicher Schuld und dem Zerbrechen menschlicher Gemeinschaft und Sozialität, das durch Gottes versöhnendes Handeln und seine Liebe geheilt wird. Diakonie will ein menschliches, erfülltes und gesellschaftlich integriertes Leben selbst im Horizont dieser Einschränkungen und Gefährdungen möglich machen.

(67) Diakonie ist deshalb beseelt von einer »Leidenschaft für den Menschen«, der von Gott als einzigartig und wertvoll angesehen wird. Sie arbeitet »nahe am Menschen«. Im »Leitbild Diakonie« heißt es zum Menschenbild der Diakonie: »Die Bibel nennt den Menschen, Mann und Frau, das ›Ebenbild Gottes‹. Gott will und liebt jeden Menschen, unabhängig davon, was er ist und was er kann. Er nimmt ihn an – auch im Scheitern und in der Schuld. Daran richten wir

unser Handeln aus. Wir treten besonders für Menschen ein, deren Würde mißachtet wird.« Ausgangspunkt ist das biblische Gebot: »Liebe deinen Nächsten«. Danach gibt es keine Trennung zwischen Starken und Schwachen, Hilfesuchenden und Helfern. Jeder und jede ist Helfer und Tröster des anderen. Diakonische Hilfe ist partnerschaftlich angelegt; sie ist nicht einfach nur ausgerichtet auf Defizite oder Schwächen eines Menschen, sondern vor allem ausgerichtet auf die vorhandenen Stärken und Kompetenzen im Sinne eines selbstbestimmten Lebens. Den anderen in seiner Würde anzunehmen und entscheiden zu lassen ist die grundlegende Haltung der Diakonie. Aus dem biblischen Menschenbild folgt, daß Hilfe bekommen und Hilfe geben nicht das Annehmen oder Verteilen von Almosen ist, sondern daß der bzw. die Hilfebedürftige ein Recht auf Hilfe hat. Hilfebedürftige werden in ihrer Würde beschädigt, wenn sie zu Bittstellern gemacht werden. Die Pflicht zum Helfen muß zum Rechtsanspruch des Hilflosen werden. Nur dann kann die Partnerschaft zwischen Helfenden und Hilfesuchenden verwirklicht werden. Nur ein Rechtsanspruch versetzt die Hilfesuchenden in die Lage, die Helfer und auch die Hilfe zu wählen. Die Diakonie ist mitverantwortlich für die Strukturen, in denen hilfebedürftige Menschen würdig leben können.

(68) Erfahrungen diakonischer Arbeit zeigen, wie wichtig es ist, daß Hilfe zur Selbsthilfe geleistet wird. Betroffene finden oft eher die ihnen angemessenen und günstigen Lösungswege. Betroffene besitzen eine Kompetenz in eigener Sache, die auch durch ein noch so umfangreiches Wissen erfahrener Helferinnen und Helfer nicht ersetzt werden kann. Es ist deshalb wichtig, daß es ihnen ermöglicht wird, sich ihrer Kompetenz bewußt zu werden und sie verantwortlich in Anspruch zu nehmen. Die andersartige Befähigung der Helferinnen und Helfer tritt dann ihrer eigenen Begabung partnerschaftlich zur Seite. Die Hilfebedürftigen werden ernst genommen und das heißt: Gerade deshalb sind sie auch gefordert, selbst soweit wie möglich zur Bewältigung ihrer Lage beizutragen.

(69) Das Verhältnis zwischen Helfern und Hilfesuchenden ist von Nähe und Distanz gekennzeichnet. Es ist auch darin begründet, daß dem einen aufgegeben ist, Hilfe zu geben, und dem anderen, Hilfe anzunehmen. Beides ist nicht selbstverständlich. Hilfebedürftige

können nie ganz von denen verstanden werden, die helfen und nicht selbst in der Situation des Hilfsbedürftigen sind. Helferinnen und Helfer erfahren in dieser Situation auch die Grenzen ihrer Möglichkeiten. Zu echter Solidarität zwischen Hilfebedürftigen und Helfern kommt es dort, wo beide ihre Stärken und Schwächen einsetzen können. Es gibt auch Stärken der »Schwachen«, die den »Helfern« zu einer Hilfe und Bereicherung ihres Lebens werden können.

(70) Gegen alle Versuche in der Gesellschaft, das Thema Armut zu tabuisieren und die Armut zu verdrängen und zu verschweigen, ist es das zentrale Anliegen der Diakonie, denen, die keiner hört, eine Stimme zu geben. Anliegen ist es, Orte zum Leben anzubieten und Menschen nach Möglichkeit in ihrer angestammten Lebenswelt zu fördern und ihnen zur Teilhabe am gesellschaftlichen Leben zu verhelfen. Aus Betroffenen müssen Beteiligte werden.

3.2 Gesellschaftspolitische Mitverantwortung in Staat und Gesellschaft wahrnehmen

(71) Diakonie gilt nicht allein dem einzelnen. Sie hat darüber hinaus eine wichtige gesellschaftspolitische Aufgabe. Sie muß sich für die verantwortliche Gestaltung eines solidarischen und gerechten Gemeinwesens mit guten Lebensbedingungen für alle einsetzen und gegen die Entsolidarisierung und die Erosion der sozialen Sicherungen in Staat und Gesellschaft sowie gegen die Bürokratisierung und Lebensferne im System eintreten. Eine wichtige Aufgabe ist dabei die Zusammenarbeit mit anderen Diensten, Initiativen und Einrichtungen in der Zivilgesellschaft.

(72) Diakonie ist ein Beitrag für ein gerechteres und solidarischeres Gemeinwesen. Diakonie bekämpft nicht nur Symptome und hilft nicht nur den Opfern gesellschaftlicher Fehlentwicklungen. Ihre Aufmerksamkeit und ihr Engagement gelten vielmehr auch den Ursachen und Anlässen, die zu Ausgrenzung, Armut, Ratlosigkeit und Hilfebedürftigkeit führen. Diakonie versteht sich bewußt als Dienst der Kirche an der Gesellschaft. Sie tritt ein für die Prinzipien der Solidarität als moralische Verpflichtung, Pluralität als zu garantierende Form der Hilfeleistung und Subsidiarität als Grundprinzip gegen

einen überregulierenden Staat. Gemeinsam mit anderen gestaltet sie eine menschenwürdige Gesetzgebung mit und tritt für eine chancengerechte Gesellschaft und eine konsequente Orientierung am Gemeinwohl ein. Sie wirkt bei der Erhaltung und beim notwendigen Umbau des Sozialstaates aktiv mit. Ihre Arbeit verbindet sich mit konkreten Vorstellungen und Visionen einer menschlicheren Gesellschaft.
Die Diakonie nimmt als Spitzenverband der Freien Wohlfahrtspflege ihre Aufgabe bei der Gestaltung des Sozialstaats wahr. Die Freie Wohlfahrtspflege ist insgesamt von dem Gedanken der Subsidiarität und Pluralität geprägt. Die Diakonie ist dabei dem kirchlichen Selbstverständnis verpflichtet und handelt als Träger sozialer Aufgaben in eigenem Auftrag. Die Verpflichtung des Staates zur Daseinsvorsorge kann nicht von ihr übernommen werden. Die Diakonie bietet Menschen, die sich gesellschaftlich engagieren wollen, entsprechend ihren zeitlichen Möglichkeiten und persönlichen Fähigkeiten Betätigungs- und Beteiligungsmöglichkeiten und gestaltet damit auch Lernfelder für gesellschaftliche Verantwortung und Solidarität. Diese Ausrichtung ihrer Arbeit ermöglicht es, ihre der Gemeinschaft dienenden Überzeugungen und Werte gestaltend einzubringen und Nöten vorbeugend zu begegnen. Mit ihren Diensten unterstützt die Diakonie Menschen in individuellen Notlagen, nimmt mit ihnen Interessen der Betroffenen wahr und bringt diese in die öffentliche Diskussion ein.

(73) Mit ihrer Erfahrung und ihrer Nähe zu den Betroffenen kann die Diakonie durchaus auf Fehlentwicklungen und Defizite im Gemeinwesen aufmerksam machen, Gefährdungen benennen und Veränderungen anmahnen. Wer Flüchtlingen hilft, der weiß auch von der Notwendigkeit, Vertreibung und Krieg ein Ende zu setzen. Wer sich um arme Menschen kümmert, der kennt auch die Ursachen der Not. Mit ihrer sozialen Anschauung, Erfahrung und Phantasie kann die Diakonie zur Gestaltung der sozialen Sicherung im Land beitragen. Im Rahmen ihrer konkreten Arbeit kann sie neue Ansätze und Modelle erproben, die zu Vorbildern für umfassendere Regelungen werden können.

(74) Es geht der Diakonie um mehr, als nur um ihren engeren sozialen Aufgabenbereich. Es geht um das Eintreten für eine soziale und menschengemäße Gesellschafts- und Wirtschaftsordnung, um

Beiträge zum gesellschaftlichen und politischen Miteinander, um die Förderung der bewahrenden Beziehungen, d. h. der »bewahrenden Ressourcen« in der Gesellschaft. Hierbei handelt es sich um überschaubare Lebensbeziehungen wie Familie, Ehe, dauerhafte Lebensgemeinschaften, soziale Netze, Nachbarschaftshilfen, ehrenamtliche und freiwillige Tätigkeit. Nicht minder geht es um die Mitgestaltung sozialer Sicherungssysteme, um das Mittragen und Mitgestalten von notwendigen Veränderungen in der Gesellschaft.

(75) Damit nimmt die Diakonie ihre biblische Aufgabe wahr, »der Stadt Bestes« zu suchen (Jer 29,7). Die Diakonie kann hier Ideengeberin, Vorbild, Gestalterin, Moderatorin im gesamtgesellschaftlichen Gespräch und Mahnerin sein. Die Stimme der Diakonie wird in der gesellschaftspolitischen Diskussion gehört. Vieles, was heute in weiten Teilen der sozialen Sicherung insbesondere auf kommunaler Ebene und Landesebene Standard ist, geht auf Vorschläge, Vorgaben und Anstöße aus der Diakonie der Kirche zurück. Nicht jede und jeder in der Kirche ist sich dessen bewußt. Diakonische Arbeit ist ein elementarer Beitrag zur Sozialkultur einer Gesellschaft (z.B. in Bereichen wie Ausbildung, Kranken- und Altenpflege, Gefährdetenhilfe, Sozialpädagogik, Sozialgesetzgebung) und zu einem versöhnten Miteinander. Sie wirkt mit ihren Möglichkeiten vorbeugend. Sie stärkt mit ihrem Engagement die solidarischen Kräfte der Gesellschaft.

(76) Gesellschaftspolitischer Dienst heißt auch: Dienst in Kritik und Widerspruch. Die Diakonie muß kritische Mahnerin sein im Blick auf Trends der Entsolidarisierung und Singularisierung in der Gesellschaft, im Blick auf Intoleranz, Ignoranz gegenüber behinderten und bedürftigen Menschen, Unkenntnis gegenüber der Lebenssituation von Menschen in besonders belastender Lebenssituation, Neid und Mißgunst gegenüber notleidenden Hilfeempfängern, krasse Benachteiligung, fortschreitende Ökonomisierung der Lebenswelt, zunehmende Armut, Ellenbogenmentalität und Ausgrenzung. Die Diakonie muß die Lebenslagen von Menschen kennen. Die Armutsberichte der Diakonie oder die jüngste Lebenslagenuntersuchung »Menschen im Schatten« sind wichtige Beispiele für diesen Dienst. Es geht darum, für ein kritisches Bewußtsein in der Bevölkerung zu sorgen und zu einer Schärfung der Gewissen beizutragen, um auf diese Weise wirkliche Veränderungen anzustoßen. Ein weiteres Ziel

ist die selbstkritische Überprüfung der eigenen Angebote im Blick auf Leistungsfähigkeit, Akzeptanz und Kirchlichkeit.

(77) Die Diakonie muß aber auch Mahnerin sein im Blick auf Fehlentwicklungen in der Politik, etwa dann, wenn über das Maß des Verantwortbaren hinaus die Sozialgesetze ausgehöhlt und Hilfen für Benachteiligte in problematischer Weise abgebaut werden. Wir sehen heute mit Besorgnis, wie offene Sozialarbeit reduziert, gemeindenahe Beratungsangebote abgebaut und Jugendhilfe eingeschränkt wird. Vor allem die präventiven Angebote gehen zurück.

(78) Viele befürchten, daß die Arbeit der Diakonie zunehmend von staatlichen und kommunalen Geldern abhängig wird. Damit würde sich die Frage stellen, inwieweit die Diakonie noch ein freies und unabhängiges Werk ist, und ob sie sich nicht vielmehr in Abhängigkeit begeben habe und ihr eigenes Selbstverständnis nicht mehr verwirklichen könne. Die Gefahr, daß die Diakonie zum bloßen Ausführungsorgan der Geldgeber werde, sei nicht zu übersehen. Hierbei ist freilich zu beachten: Die Arbeit der Diakonie wird zum überwiegenden Teil aus Geldern finanziert, die den Hilfesuchenden aufgrund von selbst erworbenen Rechtsansprüchen zustehen (Krankenversicherung, Pflegeversicherung, Rentenversicherung, Arbeitslosenversicherung). Daneben wird die Arbeit der diakonischen Werke und ihrer Einrichtungen finanziert aus Leistungen aufgrund des Bundessozialhilfegesetzes oder freiwilligen kommunalen Leistungen, die in Würdigung der wertgebundenen Arbeit und des ehrenamtlichen Engagements gegeben werden. Nicht zu vergessen sind beträchtliche kirchliche und gemeindliche Mittel sowie die Eigenmittel der Diakonie, die die Unabhängigkeit und die Profilierung der Diakonie sichern helfen. Sie tragen insbesondere zur Innovation bei.
In der Tat gibt es einen Reglementierungsdruck auf die Diakonie. Allerdings geht er nicht so sehr vom Staat als vielmehr von den Kostenträgern (Krankenkassen, Pflegekassen, Sozialhilfeträger) aus, die Leistungsangebote gleichförmiger gestalten wollen. Sie geraten nicht nur in den Konflikt mit der Diakonie, sondern auch mit dem Subsidiaritätsgebot und Pluralitätsgebot. Ihre Erwartungen sind weitgehend von funktionalen Gesichtspunkten bestimmt, die wertgebundene Gesichtspunkte außer acht lassen. Die Arbeit der Diakonie geschieht dann unter Bedingungen, die sie selbst nicht mehr bestimmt

oder zumindest mitbestimmt. Dies ist für die Diakonie problematisch, denn es stellt sich damit die Frage, inwieweit es ihr möglich ist, als freies und unabhängiges kirchliches Werk zu arbeiten. Das immer bürokratischere Verhalten, das der Diakonie aufgezwungen wird, muß überwunden werden. Die Diakonie ist verpflichtet, alles zu tun, um bürokratische Strukturen abzubauen – vor allem bei sich selbst –, ihre Unabhängigkeit zu wahren, ihren kirchlichen Charakter auszuprägen und ihre Arbeit wertgebunden zu gestalten.

(79) Eine konstruktive wie kritische (und selbstkritische) Partnerschaft besteht nicht nur zwischen Diakonie und Staat, Diakonie und Sozialhilfeträgern sowie Versicherungsträgern, sondern auch zwischen der Diakonie und den Kräften der Zivilgesellschaft. Das Zusammenwirken der Diakonie mit den Verbänden der freien Wohlfahrtspflege und anderer Initiativen hat sich bewährt. Es hat den gesellschaftlichen Konsens gestärkt und eine gewisse Vernetzung der Bemühungen möglich gemacht.

(80) Zwischen Diakonie und Caritas ist seit vielen Jahren eine vertrauensvolle Arbeit gewachsen. Dazu haben nicht zuletzt die guten Erfahrungen in Ostdeutschland beigetragen. Immer mehr sind Diakonie und Caritas dazu übergegangen, gegenüber Gesellschaft und Staat gemeinsam aufzutreten und ihre Kooperation zu vertiefen. Auch wenn getrennte Wege gegangen werden, ist zu fragen, ob bei innovativen Projekten verbindlichere Formen der Zusammenarbeit gefunden werden können.

3.3 Innovationen wagen – neue Modelle erproben

(81) Es gehört zur Aufgabe der Diakonie, ihre Aufgabenfelder in der Gesellschaft und in der Lebenswelt der einzelnen Menschen immer wieder neu zu entdecken, mit sozialer Phantasie neue Modelle der Hilfe und Begleitung aufzunehmen, zu unterstützen, zu erproben und einfallsreich verbesserte Arbeitsformen vorzuschlagen. Ihre Möglichkeit, auch ungewöhnliche Wege zu gehen, muß sie nutzen und darum Altes befragen.

(82) Diakonie hat in langen Traditionen vielfältige Formen diakonischer Hilfe entwickelt und so Sozialgeschichte mitgestaltet. Sie lebt

aus diesen Traditionen, begegnet aber ungewohnten Herausforderungen innovativ. Ihr kommt darin eine Vordenker- und Vorreiterrolle zu. Wo die Angebote neu geordnet werden müssen, bringt sie ihre geistlichen Wurzeln und ihre fachliche Kompetenz zur Geltung.

(83) In auffallender Parallelität zur Zeit Johann Hinrich Wicherns entstehen gegenwärtig an vielen Orten und auf unterschiedlichsten Gebieten Initiativen, die sich neuartiger Problemlagen annehmen oder herkömmliche Probleme auf neue Art und Weise angehen. Sie erweitern das Erfahrungs- und Handlungsfeld sozialer Arbeit durch die unmittelbare Wahrnehmung von Problemen in der Lebenswelt der Betroffenen. Es mag sein, daß diese neue basisbezogene Arbeit auch auf den Rückzug des Sozialstaats zurückzuführen ist. Vor allem aber haben wir es hier mit einer neu erwachten Wahrnehmungsfähigkeit und Verantwortlichkeit für das soziale Zusammenleben zu tun. Es zeigt sich zugleich, daß erstaunlich viel soziale Kompetenz in der Bevölkerung geweckt werden kann und daß die Spendenbereitschaft für persönlich mitverantwortete Initiativen groß ist; auch stellen Menschen viel von ihrer Zeit zur Verfügung, sofern sie nur die Notwendigkeit dafür erkennen können.

(84) Viele dieser innovativen Modelle sozialer Arbeit wecken in den lokalen Gemeinden neues Leben und tragen dazu bei, die Kluft zwischen Kirchengemeinde und institutioneller Diakonie zu überbrükken. Initiativen, die aus der diakonischen Arbeit an der Basis neu entstehen, machen in aller Regel auch Defizite im System der Diakonie selbst sichtbar. Dazu gehören z.B. Angebote für junge Arbeitslose, diakonische Basisgemeinschaften für Flüchtlinge und Wohnungslose, Wohnraumprojekte, Netzwerke für Freiwillige, integrierte Hilfen zur Erziehung, Modelle von Jugendsozialarbeit, neue Wege im Ausbildungsbereich, Zentren von arbeitslosen Frauen, Seniorenhöfe für alte Menschen, sozialpsychiatrische und psychosoziale Hilfen, regionale Hilfen für mehrfach beeinträchtigte Suchtkranke, Selbsthilfeinitiativen für verwaiste Eltern, aber auch Angebote in der gemeindlichen Arbeit (z.B. Religionsunterricht für Erwachsene und junge diakonische Gemeinden u.a.). All dies sind Impulse mit dem Ziel, eine Teilhabe am Leben in der Gemeinschaft wieder zu ermöglichen.

(85) Diakonie und Caritas haben gemeinsam eine Lebenslagenuntersuchung für die neuen Bundesländer durchgeführt. Das Ergeb-

nis enthält Anregungen für die weitere diakonische Gestaltung der Arbeit mit den Armen. Es eröffnet neue Einsichten und Möglichkeiten kirchlichen Engagements. Diese Initiative der kirchlichen Wohlfahrtsverbände hat eine empfindliche Lücke der Sozialstatistik geschlossen und die öffentliche Diskussion verändert.

(86) Die Hospizbewegung mit ihrer Begleitung und Versorgung schwerkranker und sterbender Menschen kann heute als besonders sinnfälliges Beispiel für ein innovatives, lokal verankertes, von Freiwilligen und Hauptamtlichen gemeinsam ausgestaltetes neues Handlungsfeld verstanden werden.

(87) Innovationen beschränken sich nicht nur auf die diakonische Basisarbeit. In großer Vielfalt werden Innovationen von zahlreichen Einrichtungen entwickelt, im Bereich der Altenarbeit, der Behindertenhilfe und vor allem im Krankenhaus. So hat die Weiterentwicklung im Krankenhausbereich durch neue Methoden zu geringerer Belastung von Patienten und zur Verkürzung von Behandlungszeiten geführt und den Charakter der Einrichtungen als Orte des Lebens verstärkt. Solche neuen Wege und Methoden tragen dazu bei, Einrichtungen aus ihrer isolierten Stellung zu befreien und sich in regionalen Bezügen gemeindenah und lebensweltorientiert zu öffnen.

(88) Auch im Bereich Kampf gegen Armut und Wohnungslosigkeit entstand ein vielfältiges Netz von Initiativen auf unterschiedlichen Ebenen. Seit mehreren Jahren öffnen sich Kirchentüren für Wohnungslose, Einsame und Arme. Immer mehr Gemeinden – vor allem in den großen Städten – gestalten ihre Kirchen als »Vesperkirchen«, in denen sich nicht nur die Gäste wohlfühlen, sondern auch die Helfer, die sie bewirten und die ärztliche und andere Hilfe gewähren. Bei denen, die aus Zeitgründen nicht mithelfen können, und bei Geschäftsleuten vor Ort stoßen die Aktionen häufig auf breite Zustimmung: Geld und Sachspenden fließen. Aus der unmittelbaren Wahrnehmung von Wohnungslosigkeit entstehen Initiativen wie Vereine »Betreutes Wohnen«, in denen Menschen mit großem persönlichem Engagement Wohnungslosen oder nichtseßhaften Alleinstehenden eine Wohnung und nicht selten auch Arbeit verschaffen. Ein besonderes Beispiel für bürgerschaftliches und diakonisches Engagement ist die Gründung des Hamburger Spendenparlaments, das aus der Wohnungslosenarbeit hervorging. Im Spendenparlament verbinden

sich Menschen aus unterschiedlichen Schichten und politischen Lagern zu einer neuen Öffentlichkeit, um gemeinsam mit den Betroffenen nach Lösungswegen zu suchen. Durch einen jährlichen Betrag und möglichst einer zusätzlichen Spende in individueller Höhe entstehen Mitgliedschaften. Die Mitglieder entscheiden gemeinsam, welche Projekte der Armutsbekämpfung vorrangig aufgegriffen werden und mit welchen Methoden der größtmögliche Erfolg der Hilfe erzielt werden kann. In diesem Fall hat das Diakonische Werk den Start für ein breitgefächertes, selbstverwaltetes und viele Menschen einbeziehendes Hilfesystem gegeben. Dieses Modell hat zahlreiche Nachahmer in Deutschland gefunden.

(89) Verschiedene Elemente können in Zukunft zur Förderung innovativer Wege und Modelle beitragen:

- Die häufig beklagte Distanz der heutigen Kirchengemeinden zu den Handlungsfeldern der Diakonie kann überwunden werden, wenn in den Gemeinden die Wahrnehmung von Not und Initiativen zu ihrer Überwindung gefördert, begleitet und reflektiert werden. So entsteht eine Basisdiakonie, die ihrerseits die institutionelle Diakonie neu beleben kann.
- Charakteristisch für die neuen Modelle ist der unmittelbare Kontakt zu den von Not Betroffenen. Sie werden nicht nur als hilfebedürftige Mitmenschen ernst genommen, sondern nehmen an den Entscheidungen und an der Ausgestaltung der Hilfe teil. In ähnlicher Weise verläuft das Zusammenwirken von beruflichen Fachkräften und Freiwilligen, deren Kompetenz angeregt, angeleitet und genutzt wird.
- Auch in neuen Ansätzen bei der Organisation von diakonischen Einrichtungen liegen Möglichkeiten, den Bedürfnissen der Hilfesuchenden noch besser zu entsprechen.
- Das Entstehen neuer Kooperationsstrukturen im Gemeinwesen ist eine zusätzliche Chance. Durch die Vernetzung mit außerkirchlichen Initiativen entsteht eine Sensibilität für das Gemeinwohl und ein hohes Maß an Kooperations- und Integrationsbereitschaft. »Runde Tische sozialer Verantwortung« oder lokal orientierte »sozialpolitische Offensiven« machen es möglich, auch auf höherer Ebene neues Handeln freizusetzen.

3.4 Sich dem Wettbewerb stellen

(90) Die Diakonie befindet sich mit anderen im Wettbewerb und bejaht ihn. Sie geht in den Wettbewerb mit einem klaren diakonischen Profil.

(91) Auch in den Bereichen, in denen es um die Versorgung von Pflegebedürftigen und kranken Menschen geht, sind die Prinzipien Markt und Wettbewerb in den Vordergrund getreten. Der Wettbewerb zwischen öffentlichen, gemeinnützigen und privat-gewerblichen Anbietern nimmt zu. Darüber hinaus ist ein Wettbewerb innerhalb der gemeinnützigen Einrichtungen entstanden. So entstand eine große Zahl von privaten Altersheimen, Pflegediensten, Versorgungseinrichtungen, Behinderteneinrichtungen in den traditionellen Arbeitsfeldern von Diakonie und Caritas. Die Diakonie muß in diesem Wettbewerb ihr Selbstverständnis als eine freigemeinnützige Einrichtung deutlich zur Geltung bringen.

(92) Jeder Wettbewerb ist Gefahr und Chance zugleich – auch und erst recht für die Diakonie, die gerade den Menschen dienen will, die dem Wettbewerb nicht gewachsen sind:

- Auf der einen Seite ist es ein eigenes Anliegen und eine Herausforderung für zahlreiche diakonische Einrichtungen, ihre Arbeit kostengünstiger und der Not der Hilfebedürftigen angemessener zu gestalten. Es geht um einen klügeren Einsatz der Mittel, um eine stärkere Konzentration auf die bedürftigen Menschen, um ein besseres Wahrnehmen der Aufgabe. Die ständige Veränderung und Verbesserung ist nicht nur die Chance der Diakonie, sie ist auch ein notwendiges Merkmal ihrer gegenwärtigen Situation und ihrer Geschichte. Die Anwendung des Wettbewerbsprinzips kann dazu führen, das Wahl- und Wunschrecht der Hilfebedürftigen zu stärken, wirtschaftliche Entscheidungen zu dezentralisieren, Macht zu verteilen und rationelle Formen des Leistungsangebots zu fördern.
- Auf der anderen Seite gibt es in Deutschland im Sozialbereich keinen wirklich freien Markt. Es gibt keine Elastizität der Nachfrage und keine Homogenität der Güter. Daneben ist die Kundensouveränität in diesem Bereich eingeschränkt. Es ist für die Diakonie nicht unproblematisch, unter den derzeit geltenden Konditionen

in einem ökonomisch dominierten Spiel mitzuwirken. Schwache und Hilfebedürftige dürfen nicht zu bloßen »Kunden« degradiert, Hilfe und Zuwendung zu Bedürftigen dürfen nicht zu bloßen »Marktartikeln« umfunktioniert werden. Diakonische Arbeit muß die Kostenstruktur der Arbeit und die Entwicklung der Standards mit äußerster Konzentration betrachten. Dazu gehört die Entwicklung der vereinbarten Vergütungen ebenso wie die Sicherung der Standards der Sozialarbeit. Wettbewerbsfähigkeit hängt zudem in hohem Maße von qualifizierten Mitarbeitern ab. Die wettbewerbsbedingte Kostensenkung kann zu einer Reduzierung der Vergütungen und der Qualifikationsanforderungen führen.

(93) Um die Position der Diakonie im Wettbewerb zu verbessern, müssen betriebswirtschaftliche Innovationen realisiert werden. Dazu gehören: effektive und transparente Betriebsstrukturen, die Modernisierung der Arbeitsabläufe, die Modernisierung des Arbeitsrechts, ein ständiges Controlling, die interne Qualitätsentwicklung, die Herstellung von Quervergleichen gegenüber anderen Anbietern hinsichtlich der Wirtschaftlichkeit und Qualität der eigenen Leistung.

(94) In weiten Bereichen der diakonischen Arbeit gibt es eine intensive Bemühung um den optimalen Einsatz der Ressourcen, um verstärktes Kostenbewußtsein und eine möglichst hohe Klientenorientierung im Sinne eines verantwortlichen Verbraucherschutzes. Damit sollen bürokratischer Aufwand, Dienstbesprechungen, Wegezeiten, Abrechnungszeiten und dergleichen möglichst gering gehalten werden. Zur sozialen Phantasie muß – dies war der Diakonie stets deutlich – die ökonomische Phantasie hinzukommen und das Nachdenken darüber, wie eine noch bessere Hilfe zu noch günstigeren Bedingungen angeboten werden kann. Unter diesem Blickwinkel ist das ökonomische Prinzip eine heilsame Antwort auf Tendenzen der Schwerfälligkeit, der Bürokratisierung, der mangelnden Kostentransparenz sowie der ungebremsten Kostensteigerung. Das ökonomische Prinzip wirkt so gesehen dem Trend entgegen, immer teurere, aufwendigere, kostenintensivere Dienste anzubieten und sie gleichsam auf dem Verwaltungswege zum Standard zu machen.

(95) Die diakonische Arbeit ist bereit, im fairen Wettbewerb mit gewerblichen Anbietern sozialer Dienstleistungen ihren Teil zur

Bewahrung und zum verbessernden Umbau des Sozialstaates beizutragen. Dieser Wettbewerb kann Machtkonzentration auch in der sozialen Arbeit verhindern und dezentralisierend wirken. Er kann die in der diakonischen Arbeit der Kirche Tätigen zu Mobilität, Anpassungsleistungen und Veränderungen sowie innovativen, preisgünstigen und menschenfreundlichen Leistungen drängen. Weil andere Anbieter im gleichen Sektor tätig sind, werden diese zu Konkurrenten. Innovation, Kreativität und Phantasie machen die Diakonie wettbewerbsfähig. Die Effizienz wird nicht nur von Wirtschaftsprüfern überprüft, sondern von den Patienten, Ratsuchenden und Hilfebedürftigen selbst verglichen. Effizienz und gute Versorgung sprechen sich herum und sind für die Entwicklung der Arbeit wichtiger als die Öffentlichkeitsarbeit mit ihren werbenden Angeboten. Im sozialen Wettbewerb wirbt am besten das, was diejenigen weitersagen, die gute Hilfe gefunden haben.

(96) Zu warnen ist allerdings vor einer undifferenzierten Sicht. Fairer Wettbewerb ist nur möglich, wenn die Eintrittsbedingungen für alle Anbieter gleich sind. Dies ist aber bei der Diakonie gerade nicht der Fall. Die frei-gemeinnützigen und die privat-gewerblichen Anbieter nehmen in unterschiedlichen Arbeitssystemen mit unterschiedlichen Freiräumen und Bedingungen am Wettbewerb teil. In weiten Bereichen findet die diakonische Arbeit der Kirche keine wettbewerblich geordneten Bedingungen vor. Die Refinanzierung von Leistungen im Bereich des Gesundheitswesens und des Sozialwesens erfolgt aufgrund von Rahmenverträgen und Vereinbarungen zwischen staatlichen Kostenträgern einerseits und den Spitzenverbänden und ihren Mitgliedern andererseits. Die Vorgaben der Kostenträger sind eng, die Kostensätze sind gedeckelt, der Spielraum für unternehmerisches Disponieren und Gestalten ist vielfach nicht gegeben. Es kommt hinzu: Viele Hilfebedürftige haben nicht die Möglichkeit, die Rolle des auswählenden »Marktteilnehmers« zu übernehmen.

(97) Zu der persönlichen Notlage vieler Hilfebedürftiger zählt gerade die Tatsache, daß sie Angebotsstrukturen am Markt nicht durchschauen können und auf eine verläßliche, ganzheitlich ausgerichtete Form der Hilfe angewiesen sind. Es geht bei der Hilfe für Mitmenschen nicht einfach nur um Versorgungsbedarf und Versorgungsleistungen, sondern es geht letztendlich um die Qualität der Arbeit im

sozialen Bereich. Der Rat der EKD stellt in seiner Stellungnahme zur Reform der Sozialhilfe zu recht die Frage: »Geht es nach rein ökonomischem Kalkül um einen Wettbewerb der Preise und Billigangebote je nach dem, ›was der Markt hergibt‹? Oder geht es um einen Wettbewerb um mehr Menschlichkeit, einen Wettbewerb um die Qualität, die Bedarfsgerechtigkeit und die Verläßlichkeit der erbrachten Leistung? Geht es um die Leistung, die dem Patienten und seiner Zukunft gemäß ist?« Soziale Effizienz kann in keiner Weise den preisorientierten Leistungen der Wirtschaft vergleichbar berechnet werden, wenn es beispielsweise um die komplexen Notlagen von Behinderten oder Wohnungslosen geht. Sobald die Arbeit mit Menschen eine besondere Zuwendung voraussetzt, Vertrauen, menschliche Nähe, Teilen und Mitteilen von Leid, Einfühlung, Klärung von Zerwürfnissen, Annahme von Gefühlen, Bewußtmachung und Aufarbeitung von Konflikten, taugt eine auf Berechenbarkeit setzende Ökonomisierung nicht. Ein an möglichst günstiger Rendite orientierter Anbieter sozialer Dienste hingegen wird dazu neigen, vor allem diejenigen Dienste zu erbringen, die »sich rechnen«.

(98) Aus dem Selbstverständnis der Diakonie ergibt sich das Eintreten für die Gemeinnützigkeit ihrer Arbeit. Die Gemeinnützigkeit ist planmäßige, zum Wohl der Allgemeinheit und nicht des Gewinnstrebens wegen ausgeübte Sorge für notleidende und gefährdete Menschen. Etwa erzielte Gewinne werden für Hilfesuchende wieder eingesetzt. Weder natürliche Personen noch Vereinigungen dürfen durch Ausgaben, die dem Zweck fremd sind oder durch unverhältnismäßig hohe Vergütungen begünstigt werden. Freigemeinnützige Arbeit setzt dem legitimen Prinzip der Gewinnmaximierung privatgewerblicher Leistungsanbieter ausdrücklich das Prinzip des Mehrnutzens für den Hilfeempfänger und für die Gesellschaft schlechthin entgegen. Gemeinnützigkeit ist ein Qualitätssiegel diakonischer Arbeit. Sie bildet die Grundlage ehrenamtlichen Engagements.

(99) Zur Gestaltung der Diakonie in Markt und Wettbewerb sollen folgende Grundsätze beachtet werden:

– *Veränderungsdruck:* Die Diskussion um Wettbewerb im sozialen Bereich muß der Tatsache Rechnung tragen, daß eine noch höhere Belastung der Bevölkerung in Deutschland mit Sozialausgaben kaum auf Akzeptanz stoßen wird. Diakonie hat in dieser

Situation eine doppelte Aufgabe: Sie muß sich auf die Notwendigkeit von Kostensenkungen einstellen, und zugleich muß sie auch dafür eintreten, daß die Gesellschaft bereit ist, die Versorgung zu finanzieren, die die Schwachen und Bedürftigen brauchen. Eine zu hohen Kosten arbeitende Diakonie ist den gegenwärtig anstehenden Problemen nicht gewachsen. Es ist wenig hilfreich, sich den Veränderungen zu verweigern. Entscheidend ist, auch von Seiten der Diakonie konstruktive Überlegungen darüber anzustellen, wo sie sich verändern kann. Eine verantwortliche und besonnene wettbewerbliche Gestaltung sozialer Arbeit ist ein wichtiger Beitrag zur Lösung der anstehenden Probleme. Dabei gilt: Nicht das Billigere ist unbedingt das Bessere. Die Diakonie kann, wie viele Beispiele zeigen, auch mit Angeboten, die hochwertig sind, im Wettbewerb bestehen.

– *Offensive Gestaltung des Wettbewerbs:* Wettbewerb im Bereich sozialer Arbeit muß ein Wettbewerb sein, in dem die Diakonie ihre Rolle selbst bestimmt und ihren Eigenbeitrag selbst definiert. Eine reine Ökonomisierung sozialer und diakonischer Arbeit wäre ein schwerer Schaden für das Gemeinwesen. Die Teilnahme am Wettbewerb bedeutet nicht zwangsläufig, daß die Diakonie ihren besonderen Charakter als Verband der freien Wohlfahrtspflege aufgeben muß. Als uneigennützig arbeitende kirchliche Einrichtung wird sie eine besondere Rolle wahrnehmen. Die Diakonie nimmt anders als andere Anbieter am Wettbewerb teil – und findet gerade darin die Anerkennung der Betroffenen. Sie weiß sich zum Angebot der Hilfe für jeden verpflichtet.
– *Herausstellen der Besonderheit und der Vorzüge der Diakonie:* Eine wettbewerbsfähige Diakonie wird immer wieder neu um die Qualität zu ringen haben, die sich herumspricht. Zur Sicherung der Wettbewerbsfähigkeit gehört die aktive Beachtung der Qualitätsentwicklung hinsichtlich der Leistungen und Hilfen. Im Interesse der Betroffenen und der Pflegebedürftigen ist der Ausbau eines diakonischen Verbraucherschutzes notwendig. Qualitätsmerkmale sozialer Arbeit sind unter anderem: gute Erreichbarkeit, die Beteiligung der Betroffenen, die ganzheitliche Hilfe, die Fürsprecherfunktion für die Hilfebedürftigen, die Orientierung an den Bedürfnissen der Betroffenen selbst und an ihren Wünschen. Schwerpunkte sind zudem soziale Wärme und Zuwendung, ganzheitliche Versorgung, besonderer Zeitaufwand,

Empathie, Versorgung auf der Basis einer guten Ausbildung und die Bedeutung des Gesprächs. Die diakonischen Einrichtungen setzen insbesondere auf eine möglichst hohe Präsenz bei den Patienten, auf Sorgfalt und fachlich hochstehende ärztliche wie pflegerische Versorgung, bis hin zur Vorbereitung der Pflegekräfte auf Gespräche – auch auf Gespräche mit Menschen in Angst und vor dem Sterben. Die sozialen Leistungen der Diakonie sind ohnedies eingebettet in die geistliche Begleitung: Seelsorgerliche Gespräche, Gottesdienste, Andachten, geistliche Konzerte sowie das Gebet für und mit den ihr Anvertrauten bestimmen und tragen ihre ganze Arbeit. Dieses Besondere der Diakonie – auch die gemeindenahe Versorgung möglichst in der Lebenswelt – muß im Wettbewerb gewahrt werden, ja es muß als Chance und geradezu als »Wettbewerbsvorteil« betont werden. Letztlich geht es um mehr als nur um ein Mithalten im Wettbewerb, es geht um die kirchliche Sendung, um die Zuwendung zum Nächsten und um die Sicherung von verantwortlichen Standards der Hilfe. Wenn dies deutlich gemacht werden kann, muß um das Bestehen der Diakonie im Wettbewerb nicht gefürchtet werden. Eine offensive Öffentlichkeitsarbeit muß die eigenen Vorzüge herausstellen.

- *Diakonie zwischen Markt und Staat:* Die Diakonie hat auch weiterhin eine wichtige Rolle im Gemeinwesen als Gestalterin einer Kultur des Helfens. »Es gibt keinen vernünftigen Grund, die besondere Stellung von Kirchen und Verbänden der freien Wohlfahrtspflege zu verändern. Sie leisten einen wesentlichen Beitrag zur Gestaltung des Sozialstaats.« (Stellungnahme des Rates der EKD zur Reform der Sozialhilfe) Auch jenseits der Bereiche, die wettbewerblich zu gestalten sind, muß die Diakonie in Zukunft präsent sein. Und sie muß Hilfen auch dort gewährleisten, wo keine öffentlichen Finanzierungen gewährt werden. Die Diakonie kann alternative Strategien entwickeln und gegenüber öffentlichen Einrichtungen und privatgewerblichen Anbietern sich als profilierter »Dritter Sektor« etablieren.
- *Zusammenarbeit statt Konkurrenz in der Zivilgesellschaft:* In der Orientierung an der Menschenwürde und den Rechten der Betroffenen sucht Diakonie nicht Konkurrenz, sondern Kooperation mit Trägern anderer Wohlfahrtsverbände, mit freien Trägern und mit allen auf ein gemeinsames Ziel hin orientierten gesellschaftlichen Kräften. Sie haben eine gemeinsame Verpflichtung

für das Gemeinwohl. Die bewährte Zusammenarbeit mit anderen Einrichtungen und Wohlfahrtsverbänden muß sich an der Weiterentwicklung des Sozialrechts bewähren. Es ist nicht nur aus wirtschaftlichen Gründen sinnvoll, wenn Einrichtungen der Diakonie mit anderen Wohlfahrtseinrichtungen zusammenarbeiten.

- *Fairneß im Wettbewerb:* Wenn es wirklich um mehr Wettbewerb gehen soll, dann muß dies ein fairer Wettbewerb sein. Das bedeutet: kein Übermaß an staatlichen Vorgaben, keine Einschränkung in der Gestaltung der Arbeitsformen, Wahrung der Freiheit der freien Träger, leistungsgerechte Entgelte, Geltung anerkannter Standards, Vergleichbarkeit der Standards der beruflichen Qualifikationen.

3.5 Freiwillige mobilisieren – die Sozialkultur stärken

(100) Ein wesentlicher Teil diakonischer Arbeit wird von freiwilligen Helferinnen und Helfern geleistet. Freiwillige zu gewinnen ist eine große Chance für Kirche und Gesellschaft. Was die Freiwilligenarbeit besonders auszeichnet, sind der hohe Anteil an Selbsthilfe, die Möglichkeit der Partizipation und der Freiraum für eigenverantwortliches Handeln. Wichtig ist dabei ein gutes Miteinander von Hauptamtlichen und Freiwilligen.

(101) Diakonische Arbeit ist ohne ehrenamtliche bzw. freiwillige Mitarbeit nicht zu denken. Es geht deshalb darum, in Zukunft verstärkt Ressourcen zu mobilisieren, Freiwillige zu gewinnen und zu ermutigen und aus Betroffenen Beteiligte zu machen. Damit werden Impulse für mehr Solidarität vor Ort und für eine stärkere Sozialkultur vermittelt. Die Diakonie versteht sich als Impulsgeberin und Agentin, die andere zur Mitverantwortung ermuntert und sie anleitet. Die verstärkte Mobilisierung von Ehrenamtlichen und die Stärkung subsidiärer Hilfe sind dazu bestimmt, im Gemeinwesen mehr Solidarität zu verankern und soziale Netze aufzubauen; es geht nicht darum, Lebensrisiken zu privatisieren.

(102) Die Innere Mission mobilisierte von Anfang an viele »Ehrenamtliche« und »kirchliche Laien«. In vielen Tätigkeitsbereichen hat sich dieses Selbstverständnis bis heute erhalten, auch wenn die Arbeitsbedingungen einem starken Wandel unterworfen sind. Ehren-

amtliche geben der Gesellschaft das Kostbarste, was sie besitzen, nämlich ein Stück Lebenszeit.

(103) Die Bereitschaft zu ehrenamtlichem Engagement ist ungebrochen hoch. Inzwischen sind an vielen Orten in der Bundesrepublik Deutschland sogenannte »Freiwilligen-Zentren« entstanden. Freiwillige bzw. Ehrenamtliche sind direkt beteiligt am Aufbau und Betrieb solcher Zentren. Selbstorganisation ist ihr Kennzeichen. In Kuratorien und Beiräten vereinen sich sachkundige und sozial interessierte Personen, Vertreter und Vertreterinnen der Kirchen, Verantwortliche verschiedener Verbände, Initiativen, selbstorganisierte Hilfegruppen und Entscheidungsträger.

(104) Freiwillige Mitarbeit auf der Ebene des direkten persönlichen Dienstes wird meist von Frauen ausgeübt und weist starke Parallelen zur Haus- und Familienarbeit auf. Allein die evangelische Frauenhilfe umfaßt heute ca. 65.000 Mitglieder, die insbesondere in den Ortsgemeinden ihre Wirksamkeit entfalten und zu den »stillen Helferinnen im Lande« zu zählen sind. Freiwillige in Kirchengemeinden, Wohlfahrtsverbänden und traditionellen Frauenverbänden sind mehrheitlich Frauen ab der sog. »Kinder-Phase«, d.h. Frauen, die älter als 50 und nicht erwerbstätig sind und keine Kinder unter 18 Jahren (mehr) haben. Doch auch jüngere Frauen, die erwerbstätig sind, mit und ohne Kinder, sind ehrenamtlich tätig. Sie verbinden damit einen jeweils unterschiedlichen spezifischen Sinn: etwa berufsrelevante Erfahrungen zu sammeln, Arbeitslosigkeit (nach der Ausbildung oder durch Verlust des Arbeitsplatzes) zu überbrücken, einen Ausgleich zur Erwerbsarbeit zu finden, Kontaktmöglichkeiten mit der Öffentlichkeit zu haben, eine Wiedereingliederung ins Berufsleben zu erleichtern und für ein menschenwürdiges Leben für Hilfe- und Pflegebedürftige einzutreten.

(105) Bürgerengagement ist nicht einfach gleichzusetzen mit einer fachlich schwächer ausgeprägten Arbeit von »Laien«. Freiwillige Arbeit hat eine hohe Professionalität. Auch die hauptamtlichen Mitarbeiterinnen und Mitarbeiter der Diakonie halten die freiwillige Mitarbeit für erforderlich und engagieren sich selbst. 70% der Mitarbeitenden der Diakonie engagieren sich im ehrenamtlichen Bereich.

(106) Die hohe Bereitschaft in der Bevölkerung zu freiwilligem Engagement stellt für die Diakonie die Verpflichtung dar, Betroffene und selbstverständlich auch andere zu aktivieren. Dabei darf nicht in erster Linie das Argument knapper finanzieller Mittel bei gestiegenem Bedarf an qualifizierter Hilfe als Begründung gelten, so wichtig diese Gesichtspunkte auch sind. Mitmenschliches Handeln, aus persönlicher Verantwortung und christlicher Grundüberzeugung für andere da zu sein – darin liegen von jeher die Quellen der Diakonie, lange vor jeder verbandlichen Organisation und hauptberuflichen Ausgestaltung der Dienste. Das Ehrenamt gehört zu den konstitutiven Wurzeln kirchlicher sozialer Arbeit.

(107) Soziale Arbeit kann und muß heute eine Mobilisierung von Solidarität bewirken. Engagierte Bürgerinnen und Bürger bringen eine Fülle von Lebenserfahrung mit – Erfahrungen vor allem aus dem Beruf, der Kindererziehung, der Pflege, aus familiären und nichtfamiliären Zusammenhängen, selbst aus Freizeitaktivitäten und von Reisen. In dieser Vielfalt liegen Chancen und Schwierigkeiten. Es gibt viele Menschen, die eine Notwendigkeit zum Handeln sehen und sich zum Handeln entschließen. Ihre Aktivitäten müssen miteinander vernetzt und in eine wirksame Form gebracht werden. Hinzu kommt die Aufgabe, den meisten Menschen in ihrem jeweiligen Horizont Chancen sozialer Mitwirkung zu eröffnen und dafür geeignete Formen zu entwickeln.

(108) Auffallend ist die starke Motivation, die Begeisterung und Bereitschaft für ihre Arbeit, die Freiwillige mitbringen. Sie werden tätig, weil sie Bereicherung erleben. Das, was Freiwilligen einbringen, und der ideelle Nutzen, den sie aus ihrer Tätigkeit gewinnen, müssen im Gleichgewicht stehen. Es ist wichtig, daß die Freiwilligen in anderer Währung für ihre Arbeit belohnt werden als in Geld: Dazu gehören Einarbeitung in neue Aufgaben, Sinnfindung, Wertschätzung ihrer Person, Anerkennung ihrer Arbeit und Weiterbildung. Freiwillige Mitarbeiter und Mitarbeiterinnen sollten versichert, ihre Auslagen sollten ihnen ersetzt werden.

(109) Die freiwilligen Mitarbeiter und Mitarbeiterinnen brauchen einen gewissen Freiraum zur selbstverantwortlichen Gestaltung ihrer Arbeit. Sie sind keine Zuarbeiter, sondern haben eigenständige

Aufgaben. Viele Freiwillige suchen auch befristete Tätigkeiten, und sie wollen ihr Engagement mit ihrer persönlichen Lebenssituation gut verbinden können. Die Arbeit mit Freiwilligen bedarf der professionellen Unterstützung. Die Freiwilligen müssen geschult und begleitet werden. Die Arbeit mit ihnen ist letztlich nicht kostenlos zu haben.

(110) Freiwillige setzen ein Zeichen für ein menschliches Miteinander in unserer Gesellschaft. Schon deshalb sollte gerade die Diakonie einen Auftrag sehen, solche Mitarbeiter und Mitarbeiterinnen zu gewinnen. Freiwillige müssen erfahren, daß sie eine wichtige, nützliche, sinnvolle und notwendige Aufgabe leisten. Sie sind in Entscheidungen mit einzubeziehen. Die Bedeutung ihrer Tätigkeit muß betont und öffentlich anerkannt werden. Die Arbeit der Freiwilligen muß also in vielfältiger Weise gewürdigt werden.

(111) Hauptamtliche und freiwillige Mitarbeiter müssen in vertrauensvoller Kooperation zusammenwirken. Viele Hauptamtliche sind durch die Zunahme der freiwilligen Arbeit beunruhigt und fürchten, unausgebildete und freiwillige Helfer nähmen ihnen qualitativ und quantitativ etwas weg. Hauptamtliche und freiwillige Mitarbeiter und Mitarbeiterinnen können und sollen einander jedoch nicht ersetzen. Ihre Aufgaben haben unterschiedliche Schwerpunkte. Freiwillige sind in der Lage, in die soziale Arbeit etwas Eigenes einzubringen, das von den Hauptamtlichen so nicht geleistet werden kann, und ebenso kann die Arbeit der Hauptamtlichen nicht von Freiwilligen ersetzt werden. Hauptamtliche sollten das Miteinander mit Ehrenamtlichen und deren Eigeninitiativen nicht defensiv sehen, sondern sie sollten offensiv als Impulsgeber, Anleiter, Moderatoren, Berater, Initiatoren und Koordinatoren für ein verstärktes soziales Engagement von Laien sorgen.

(112) Durch ein Klarlegen der unterschiedlichen Aufgaben können Spannungen zwischen Hauptamtlichen und Freiwilligen vermindert werden. Es geht nicht um das Modell »oben – unten«, sondern um ein dynamisches, kooperatives Modell der Zusammenarbeit im Bewußtsein unterschiedlicher Zuständigkeiten und Möglichkeiten. Während die Freiwilligen sich einen gewissen Freiraum zur selbstverantwortlichen Gestaltung ihrer Arbeit wünschen, le-

gen die Hauptberuflichen Wert darauf, daß ihr Verantwortungsbereich geachtet wird. Sie sind es auch, die die Freiwilligen fachlich schulen und weiterbilden und in deren Aufgabengebiet begleiten und fördern. Konkurrenzen, gar Befürchtungen um die Wahrung von Arbeitsplätzen können abgebaut werden, wenn beide Teile ihr Augenmerk auf die Hilfebedürftigen richten, für die ihre unterschiedlich geprägte Arbeit geschieht.

3.6 Mitarbeiterinnen und Mitarbeiter motivieren

(113) Einen guten Dienst kann die Diakonie nur mit zufriedenen und motivierten Mitarbeiterinnen und Mitarbeitern tun. Notwendig ist deshalb die Stärkung der Identifikation, der Sinnerfahrung, der Mitsprache und der Beteiligungsmöglichkeiten, des persönlichen Engagements sowie der Arbeitszufriedenheit.

(114) Diakonische Arbeit der Kirche lebt von einer motivierten, loyalen und gut ausgebildeten Mitarbeiterschaft. Die Dienstgemeinschaft der Diakonie sammelt Menschen mit unterschiedlichen Fähigkeiten und Stärken, unterschiedlichen Prägungen und Motivationen, unterschiedlichen Charakteren und Stilen. Die Motivation zum diakonischen Dienst wird nicht erst im Dienst selbst erworben und aufgebaut, sie wird mitgebracht. Aber wenn diakonische Arbeit gelingen soll, müssen Motivation, Partnerschaft und fachliche Kompetenz ständig gefördert, muß die Professionalität der Arbeit in Aus-, Fort- und Weiterbildung gesichert werden. Hilfebedürftige haben Anspruch auf gute, fachlich qualifizierte und ausreichende Hilfe, die in den meisten Fällen ohne ein Zusammenwirken von beruflichen und freiwilligen Kräften nicht gewährt werden kann.

(115) Mitarbeiterinnen und Mitarbeiter, die ihr Christsein und ihre Kirchenmitgliedschaft als Voraussetzung in die Dienstgemeinschaft einbringen, wollen ihren Dienst mit dem Zeugnis ihres Glaubens und ihrer Berufung verbinden. Mitarbeitende, die nicht Christen sind, dürfen keinem Zwang ausgesetzt werden, sie sind aber einzuladen, sich mit Auftrag, Arbeit und Geschichte der Diakonie zu identifizieren, mit der Kirche zu leben. Deshalb sind Angebote der Information über den Glauben und der seelsorgerlichen Begleitung wesentlich.

(116) Im »Leitbild Diakonie« heißt es: »Wir unterstützen einander in unserer täglichen Arbeit. Dazu gehören Angebote der Sinngebung, der Glaubenshilfe und der Seelsorge. Durch gegenseitige Information schaffen wir Vertrauen und Transparenz. Wir fördern Eigeninitiative und fachliche Kompetenz. Konflikte und Kritik nutzen wir als Chance, um unsere Arbeit zu verbessern. Durch Aus-, Fort- und Weiterbildung sichern wir Professionalität. Wir praktizieren und fördern die Gleichstellung von Frauen und Männern.«

(117) Insgesamt arbeiten über 400.000 Personen beruflich in der Diakonie mit. Von ihnen wird ein engagierter Dienst getan. Es sind keine Einzelfälle, wenn von selbstlosem persönlichem Einsatz von Mitarbeiterinnen und Mitarbeitern in der Diakonie erzählt wird, von einem hohen Maß an Zuwendung und Freundlichkeit, von imponierender Geduld und Ausdauer. Sicherlich müssen immer auch die Grenzen des Möglichen, die Unzulänglichkeiten und die bitteren Erfahrungen gesehen werden. Es ist ein Dienst, in dem auch Konflikte und menschliche Schwächen zu Tage treten. Idealismus und einfache Arbeit, imponierende Leistung und Routinearbeit, hochmotivierter Einsatz und Ausgebranntsein, christlicher Idealismus und persönliche Zweifel, Erfolgserlebnisse und auch die Erfahrung des Versagens bzw. der Unlösbarkeit von Problemen stehen nebeneinander – und beide Seiten gehören zum Gesamtbild. Häufig genug erlebt die Mitarbeiterschaft die Bedrängnis dieser Arbeit in ihrer eigenen Person. Die motivierte, gut ausgebildete und fachlich qualifizierte Mitarbeiterschaft ist ein ungemein wertvolles Gut der diakonischen Arbeit.

(118) Mitarbeiterinnen und Mitarbeiter der Diakonie werden mit der Kirche und ihrer Diakonie identifiziert. Auch ihre eigene Identifikation ist hoch. Sie erleben alle Konflikte und Auseinandersetzungen um die Kirche am eigenen Leibe.

– Viele sind vom christlichen Glauben geprägt und verstehen ihren diakonischen Beruf als innere Berufung. Sie wollen Mitarbeiter Gottes sein zum Heil und Wohl hilfebedürftiger Mitmenschen. Sie sind bereit zu persönlichen Opfern vor dem Hintergrund eines gelebten persönlichen Glaubens an Gott, der sich in Barmherzigkeit den Menschen zugewandt hat. Über die Hälfte der Mitarbeiterinnen und Mitarbeiter sagt, der wichtigste Grund für ihre Tätigkeit in der Diakonie komme aus ihrem Glauben als Christen.

– Andere kommen in diese Arbeit, weil sie sich für Mitmenschen und für ein menschliches Gemeinwesen engagieren wollen.
– Schließlich kommen wieder andere in die Diakonie, weil sie nur hier eine Beschäftigung finden. Sie stehen, wie die Erfahrung zeigt, ebenso loyal zu dieser Arbeit und ihren Zielen und engagieren sich ebenso bereitwillig wie andere auch. Auch sie werden mit der Kirche identifiziert.

Im »Leitbild Diakonie«, heißt es: »Mitarbeiterinnen und Mitarbeiter kommen auf verschiedenen Wegen zur Diakonie. In unserer Dienstgemeinschaft lassen wir unterschiedliche Meinungen gelten. Konflikte tragen wir in gegenseitigem Respekt aus. Wir bleiben verpflichtet, theologisch begründet, sozial kompetent, fachlich qualifiziert, ökonomisch verantwortlich und ökologisch orientiert zu handeln.«

(119) Viele Mitarbeiterinnen und Mitarbeiter finden es bedrängend, wie sehr unter dem Druck der Sparzwänge die Schere zwischen vorhandenen Ressourcen für ihre Arbeit und den wachsenden Aufgaben auseinander geht. In einer Zeit der zunehmenden sozialen Kälte und des Sozialabbaus wird auch die Situation der Arbeitenden in der Diakonie ernster und angespannter. Es ist ein kaum erträgliches Dilemma, daß gerade in einer Situation, in der immer mehr Menschen auf die Hilfe der Diakonie angewiesen sind, solche Dienste eingeschränkt und aufgelöst werden. Die Aufmerksamkeit muß sich auf Sicherung und Schaffung von Arbeitsplätzen richten. Als großer Arbeitgeber hat die Diakonie als kirchlicher Wohlfahrtsverband eine menschliche und allgemein soziale Verantwortung.

(120) Ebenso notwendig ist es, sich neu auf die diakonischen und geistlichen Ressourcen der Arbeit zu konzentrieren. Wie an der Tradition der diakonischen Lebensberufe zu sehen ist, ist die Diakonie auf prägende und geprägte Persönlichkeiten und Gemeinschaften angewiesen. Deshalb sind Investitionen in Ausbildung und seelsorgerliche Begleitung eine vorrangige kirchliche Aufgabe.

(121) Die Arbeitszufriedenheit ist in der diakonischen Arbeit der Kirche verglichen mit Tätigkeiten im Öffentlichen Dienst oder privatwirtschaftlichen Unternehmen auffallend hoch. Gleichwohl haben die Mitarbeiterinnen und Mitarbeiter auch ausgeprägte Vorstellungen darüber, was in diesem Dienst anders und besser gestal-

tet werden soll. Sie möchten, wie Befragungen zeigen, selbst bestimmen, was das Diakonische eigentlich ist, sie halten nicht viel von vorgegebenen Antworten. Eine große Mehrheit meint, daß sie ihre eigenen Vorstellungen von Diakonie im Berufsalltag umsetzen können. Dienen wird immer weniger als Selbstpreisgabe und Aufopferung verstanden, sondern vielmehr als Partizipation an der Entwicklung und Ausgestaltung der Diakonie. Aufgrund dieser Tatsache ist es notwendig, über das neue Dienstverständnis nachzudenken und in Auseinandersetzung mit der biblischen Tradition eine neue, tragfähige Konzeption zu entwickeln. In der »neuen Diakonie« wollen die Mitarbeiter an den Entscheidungs- und Leitungsprozessen teilhaben. Genauso sind sie aber auch selbst bereit, den Betreuten wie den Ehrenamtlichen diese Teilhabe zu gewähren.

(122) Viele Mitarbeiterinnen und Mitarbeiter kritisieren das hierarische Machtverständnis von Vorgesetzten und erwarten eine Beteiligung an Entscheidungs- und Leitungsprozessen. Neue Beteiligungsmodelle der Mitarbeiterschaft (auch durch Förderung beruflicher Karrieren, familienfreundliche Arbeitsplatzgestaltung und familienunterstützende Angebote u.a.m.) müssen entwickelt werden. Wichtig ist ein partizipativer Stil des Umgangs. Partizipation bedeutet auch, die Leitungspositionen verstärkt mit Frauen zu besetzen. Dazu gehören Frauenförderpläne und Gleichstellungsbeauftragte.

(123) Die Qualifizierung, Ausbildung und Fortbildung von Mitarbeitern und Mitarbeiterinnen gehört zu den Fundamenten diakonischer Arbeit. Wichtig sind bei der Ausbildung vor allem die gegenseitige Durchdringung von fachlichem Wissen und Prägung sowie die Verbindung zur Praxis. Ausbildung ist immer auch Persönlichkeitsbildung. Christliche Ausbildungsstätten haben daher neben der rein fachlichen Qualifikation auch Grundlagenwissen zu vermitteln und Raum zu geben für die Fragen des Sinns menschlichen Handelns.

(124) Notwendig ist eine diakonische Grundqualifikation für neue Mitarbeiterinnen und Mitarbeiter der diakonischen Einrichtungen und Werke in Einführungskursen – zumal der Anteil an neuen, erst seit kurzer Zeit in der Diakonie tätigen Mitarbeitern und Mitarbeiterinnen hoch ist. Im Sinne eines »Diakonentums aller Gläubigen« gilt es, die diakonische Schulung aller Gemeindeglieder und besonders

der ehrenamtlichen Mitarbeiterinnen und Mitarbeiter in Gemeinde und Diakonie zu fördern. Selbstverständlich gilt dies erst recht für alle diakonischen und theologischen Ausbildungen. Das diakonische Engagement eines jeden Christen gehört ins Zentrum der Gemeindepädagogik, der kirchlichen Erwachsenenbildung sowie des diakonischen Gemeindeaufbaus und bedarf der Aus- und Weiterbildung.

(125) Diakonische Aus- und Weiterbildung hat seit 150 Jahren Mitarbeiterinnen und Mitarbeiter der Diakonie kompetent ausgebildet. Eine Besonderheit diakonischer Aus-, Fort- und Weiterbildung spiegelt sich im zusätzlichen Angebot christlicher Lebensdeutung, ethischer Meinungsbildung, geistlicher Zurüstung und seelsorgerlicher Begleitung. Elemente gelebter Frömmigkeit und spiritueller Gemeinschaft sind offene Angebote. Mitarbeiterinnen und Mitarbeiter können für die Sache der Diakonie gewonnen werden, wenn sie eine Atmosphäre gelebten Glaubens und praktizierter Geschwisterlichkeit vorfinden. Gleichgültigkeit in Fragen christlicher Lebenspraxis und übervorsichtiges Vermeiden christlichen Bekennens wirken nicht minder demotivierend als eine gesetzliche oder belehrende Grundhaltung.

(126) Mitarbeitern und Mitarbeiterinnen, die nach mehr Spiritualität, nach diakonischen Lebensgemeinschaften und Netzwerken suchen, erhoffen sich neue Formen des Diakonats und diakonischer Gemeinschaften in sozialen Arbeitsfeldern. Die Erfahrungen der Schwestern- und Brüderschaften sind dafür eine Spur, die es weiterzuverfolgen lohnt. Menschen jeden Alters sind eingeladen, Diakonie als persönliche Berufung anzunehmen und Diakonie als Gemeinschaft mit abgestufter Verbindlichkeit zu übernehmen. Diakonische Gemeinschaften brauchen geistliche Zentren der Einkehr, Sammlung und Stärkung im Glauben, um den Herausforderungen der sozialen Wirklichkeit gerecht werden zu können.

3.7 Diakonisches Lernen anstoßen – die Bildungsaufgaben wahrnehmen

(127) Da soziale Erfahrungen heute für immer mehr Menschen nicht mehr von allein zustande kommen, benötigen wir neue gesellschaftliche Orte, neue »soziale Lernarrangements«, in denen Formen der Soli-

darität gelernt und erfahren werden. Dazu zählen in erster Linie Familie, Netzwerke von Jugendlichen, Nachbarschaften, Kirchengemeinden, Initiativen und Bürgerforen. Auch die moderne Gesellschaft lebt vom Humus des Sozialen. Dieses darf nicht in beruflich organisierte Expertensysteme verlagert werden.

(128) Die Notwendigkeit, diakonisches Lernen ausdrücklich zu organisieren, ergibt sich aus einer doppelten Beobachtung: Die gesellschaftliche Entwicklung hat zum einen durch die Veränderung familiärer Verhältnisse (Kleinfamilien, instabile Familien, »Wohlstandsfamilien«, die es sich leisten können, kleine, enge und tägliche Solidarität durch bezahlte Dienstleistung abzugeben) zu einem Verlust ganz unmittelbarer sozialer Erfahrungen im Alltag geführt. Zum anderen benötigt die moderne arbeitsteilige Gesellschaft auch zur Absicherung ihrer sozialen Risiken leistungsfähige Großinstitutionen. Neue Formen gesellschaftlicher Solidarität müssen einer Bürokratisierung des Sozialen ebenso entgegenwirken wie den destruktiven Tendenzen einer weiteren Individualisierung, ohne dem Pluralismus liberaler Gesellschaften zuwider zu laufen.

(129) Im diakonischen Lernen geht es um soziale Einstellungen und christliche Orientierungen wie etwa Achtung und Respekt vor anderen Menschen, Gerechtigkeit und Fairneß, um Hilfsbereitschaft und Toleranz sowie um persönliche und gesellschaftliche Verantwortung. Soziales Lernen ist Lernen in zwischenmenschlichen Beziehungen – und zwar auch in unterschiedlichsten Lebenssituationen. Es lehrt die Fähigkeit zur Kommunikation, zur Kooperation und zur Konfliktregelung. Der Diakonie ist beim sozialen Lernen vor allem an der geistlichen Komponente gelegen. Hier geht es um Erfahrungen des christlichen Glaubens im sozialen Lebensalltag und um die Einübung des Miteinanders von Hilfebedürftigen und Helfenden, Starken und Schwachen in christlichen Gemeinschaftsformen. Gemeinsames Leben und gemeinsames Lernen werden dort aufeinander bezogen. Diakonisches Lernen aus dem Glauben bedeutet Aufbruch und neue Bereitschaft zur Zuwendung, zum Entdecken des Mitmenschen, Erwachen sozialer Phantasie, aber auch Entdekken der Wahrheit des Evangeliums im gesellschaftlichen Alltag. Es ist eine Einübung von geistlichen Formen und Riten, die in die Gemeinschaft führen und persönliche Lebenshilfe sind. Diakonisches

Lernen zielt auf eine lebenspraktische und zupackende Spiritualität. Diese braucht die Vergewisserung in der Kontemplation. Aktives und kontemplatives Leben durchdringen sich hier gegenseitig.

(130) Die Diakonie leistet ihren Beitrag zum diakonischen Lernen. Die Entwicklung des »diakonischen Jahres« (das zum sog. »freiwilligen sozialen Jahr« wurde), das »freiwillige soziale Jahr im Ausland«, begleitete Sozialpraktika in Schulen, integrative Kindertagesstätten und integrative Schulen sind anerkannte Beispiele und können zu Elementen eines Gesamtkonzepts diakonischen Lernens werden.

(131) Die Gestalt der sozialen Ordnung hat sich in diesem Jahrhundert dramatisch verändert. Öffentliche soziale Dienste wurden gründlich ausgeweitet; sie haben zum Aufbau und Ausbau eines hochdifferenzierten Institutionengefüges geführt sowie zur Etablierung eines eigenen Arbeitsmarktes für soziale Berufe. Zugleich entstanden Expertenkulturen; überdies kam es zu einer weiteren Politisierung des Sozialen. Sozialpolitik und soziale Sicherungssysteme wurden so zum zentralen Thema in der politischen Arena.

(132) Der Auf- und Ausbau der sozialen Expertenkulturen führte im 20. Jahrhundert zu einer zunehmenden Verberuflichung und zur Verlagerung von privaten, naturwüchsigen Hilfeformen in öffentlich organisierte Hilfssysteme. Jetzt aber geht es um eine neue lebensweltliche Aneignung des Sozialen und der Solidarität, außerhalb und unterhalb der Expertenkulturen. Die Diakonie ist – wie die Zivilgesellschaft insgesamt – auf einen Hintergrund gesellschaftlich gelernter Sozialität angewiesen. Nur so kann es gelingen, die zunehmende Delegation sozialer Hilfe an Experten aufzulösen und die Zersetzung von Solidarität in der Gesellschaft aufzuhalten.

3.8 Diakonie in der europäischen und weltweiten Dimension wahrnehmen

(133) Die diakonische Arbeit der Kirche beteiligt sich aktiv in der ökumenischen Bewegung, ist in die weltweite Diakonie der ökumenischen Gemeinschaft der Kirchen eingebunden und unterstützt die Programme europäischer und weltweiter Hilfe. Diakonie umfaßt deshalb

eine europaweite und weltweite soziale Mitverantwortung. Sie beteiligt sich an der Entwicklung einer Vision von Diakonie in Europa und schöpft alle Möglichkeiten einer verbesserten sozialen Zusammenarbeit der Kirchen aus. Sie tritt für die soziale Gestaltung Europas ein.

(134) Die Diakonie kann auf vielerlei Bestrebungen europäischer Zusammenarbeit bereits im 19. Jahrhundert zurückblicken. Die ersten diakonischen Zusammenschlüsse auf europäischer Ebene waren die Kaiserswerther Generalkonferenz und der Internationale Verband theologischer Mitarbeiter. Die durch den schwedischen Erzbischof Nathan Söderblom angeregte Stockholmer Weltkirchenkonferenz 1925 wurde zur ersten ökumenischen Diakoniekonferenz. Söderblom erkannte die praktisch-diakonische Zusammenarbeit – die »Methode der Liebe« – als den Königsweg zur Einheit christlicher Kirchen. In einer Zeit, in der die europäischen Länder von sozialen Konflikten, Not und Armut geprägt waren, forderte er Instanzen der Versöhnung. Der Zustand der europäischen Gesellschaft erschien ihm so alarmierend, daß die christlichen Kirchen ohne Rücksicht auf ihre trennenden Traditionen sich auf ihre Kräfte im Dienst der Versöhnung besinnen sollten. »Was Europa braucht, ist die Diakonie«. In diesem Denken wurde der Internationale Verband für Innere Mission und Diakonie gegründet – der spätere Europäische Verband für Diakonie –, der in den folgenden Jahrzehnten ein wesentliches Bindeglied der Diakonie in Ost und West bildete. Dieser Verband hat sich mit dem 1992 gegründeten westeuropäischen Verband »Eurodiaconia« 1997 zusammengeschlossen. Die Zusammenarbeit mit den orthodoxen Kirchen stärkt und vertieft das Miteinander. Damit leistet der Verband einen Beitrag beim Aufbau der Zivilgesellschaft und sozialer Strukturen in Mittel- und Osteuropa im Sinne der von der gesamteuropäischen, ökumenischen Diakoniekonferenz 1994 in Bratislava formulierten Thesen »Auf dem Weg zu einer Vision von Diakonie in Europa«.

(135) Die Diakonie in Europa war von Anfang an bestrebt, eine einseitige westeuropäische Perspektive ebenso zu vermeiden wie die Gefahr einer eurozentristischen Orientierung. Dies gilt insbesondere im Blick auf die neuen Herausforderungen durch weltweite Migrationsprozesse und Flüchtlingsprobleme. Im Blick auf eine

intensive Unterstützung des gesellschaftlichen Wiederaufbaus wurde 1994 von den evangelischen Kirchen die Spendenaktion »Hoffnung für Osteuropa« ins Leben gerufen. Sie tritt ein für Hilfeaktionen, für einen gegenseitigen Erfahrungsaustausch sowie für Koordination und Vernetzung der Aktivitäten.

(136) Eine wichtige Grundlage für die Einmischung der Diakonie in die soziale Ausgestaltung der Europäischen Union ist die Erklärung aller EG-Mitgliedsstaaten im Anhang des Maastrichter Vertrages zur Zusammenarbeit mit Wohlfahrtsverbänden und Stiftungen (associations de solidarité, charitable organizations). Damit wurden die Verbände als Träger sozialer Einrichtungen und Dienste zum ersten Mal offiziell gewürdigt – unabhängig davon, daß sie diese Funktion in den einzelnen Ländern in sehr unterschiedlicher Form wahrnehmen. Zur Vertretung ihrer Interessen haben die deutschen Wohlfahrtsverbände einen Sitz im Wirtschafts- und Sozialausschuß der Europäischen Union bekommen. Damit gehören auch die Verbände zu den gestaltenden Kräften der europäischen Sozialpolitik. Es ist von großer Bedeutung, daß die Wohlfahrtsverbände und Kirchen die sozialpolitische Entwicklung in der Europäischen Union und insgesamt in ganz Europa nicht nur aus ihrer nationalen Perspektive verfolgen und kommentieren, sondern daß sie selbst auf die europäische Sozialpolitik einwirken.

(137) Die Europäische Union billigt den Wohlfahrtsverbänden in ihrem subsidiären Handeln, ihrer sozialanwaltschaftlichen Ausrichtung, ihrer Gemeinwohlorientierung und ihren Aktivitäten im Dienstleistungsbereich eine Sonderstellung zu. Es ist damit deutlich, daß es nicht die EU ist, von der ein Trend zur Ökonomisierung der Wohlfahrtsverbände und Anbieter im sozialen Bereich ausgeht. Der EG-Vertrag schließt »öffentliche Unternehmen« bei der Erbringung von Leistungen im Rahmen der Dasseinsvorsorge von den europarechtlichen Wettbewerbsbestimmungen ausdrücklich aus.

(138) Zu den internationalen diakonischen Aktionen gehört »Kirchen helfen Kirchen« mit ihrem missionarischen und diakonischen Auftrag in Europa, Afrika, Asien und Lateinamerika. Ein weiterer Meilenstein ist die Aktion »Brot für die Welt«, die im Jahre 1959 gegründet wurde, um weltweit den Ärmsten der Armen mit Ent-

wicklungsprojekten zu helfen. Ebenso geschieht Katastrophenhilfe, die bei Notfällen, Naturkatastrophen oder Bürgerkriegen schnelle Überlebenshilfe leistet. Der Dank der Partner aus der weltweiten Ökumene für die vielfältige Hilfe ermutigt dazu, auf diesem Wege weiter zu arbeiten. Gleichzeitig ist das Engagement der Partner, die nicht nachlassen, sich für die notleidenden Menschen einzusetzen, Vergewisserung und Ansporn.

(139) Ein Schwerpunkt des internationalen diakonischen Engagements ist insbesondere die Arbeit von »Brot für die Welt«. Im Wissen, daß Frieden eine Grundvoraussetzung für Entwicklung ist und daß ohne Gerechtigkeit keine dauerhafte Verbesserung der Situation der Menschen im Süden denkbar ist, orientieren sich alle Projektvorhaben auch an Menschenrechtsanliegen sowie Advocacy-Aktivitäten (engagierte öffentliche Fürsprache) und Lobby-Aktivitäten. Im Vergleich zu dem enormen wirtschaftlichen Potential allein unseres Landes mag das, was »Brot für die Welt« zusammen mit anderen kirchlichen Hilfswerken tut, gering sein. Aber es ist notwendig.

(140) Die Mitgliedsorganisationen der kirchlichen Entwicklungsarbeit verstehen den kirchlichen Entwicklungsdienst als eine Gemeinschaftsaufgabe der Kirchen. Aus diesem Grunde arbeiten die Evangelische Zentralstelle für Entwicklungsarbeit, Brot für die Welt, Dienste in Übersee, Evangelisches Missionswerk und der Kirchliche Entwicklungsdienst in der Arbeitsgemeinschaft Kirchlicher Entwicklungsdienst zusammen. Für die Entwicklungsarbeit der Diakonie, die über zuverlässige Partner (Kirchen und Nichtregierungsorganisationen) in der sogenannten Dritten Welt geleistet wird, um den anderen mehr Gerechtigkeit zu bringen, gelten folgende Kriterien:

- Zielgruppe des Einsatzes von Diakonie und Kirche und ihrer Hilfe sind die »Ärmsten der Armen«; es geht um deren Teilhabe am Entwicklungsprozeß.
- Eine Entwicklungsmaßnahme sollte nicht einfach nur für die Zielgruppe, sondern vor allem mit (!) ihr durchgeführt werden. Es geht um das Befähigen statt um das Betreuen.
- Die Zielgruppe sollte in die Entscheidung über Inhalt, Durchführung und Verwaltung eines Entwicklungsprojektes bzw. -programms einbezogen sein.

- Eine Entwicklungsmaßnahme sollte an bestehenden Verhaltensweisen, Ressourcen, an dem technischen Wissen und an den vorgegebenen sozialen Beziehungen der Zielgruppe anknüpfen.
- Eine Entwicklungsmaßnahme sollte sich von einem Einzelprojekt hin zu einem Programm erweitern, um die Ganzheitlichkeit des Menschen zu berücksichtigen.
- Eine Entwicklungsmaßnahme sollte alle rechtlichen Spielräume zugunsten der Zielgruppe ausnutzen.
- Nur im Falle von Katastrophenmaßnahmen erfolgt Nahrungsmittelhilfe. Jedoch liegt der Schwerpunkt auf der Steigerung der Nahrungsmittelproduktion und der gerechten Verteilung in den Entwicklungsländern selbst. Das motiviert zur Selbsthilfe, und die Würde der Menschen, die nicht Empfänger von Almosen sein wollen, wird respektiert.

(141) Entwicklung ist unteilbar. Sie findet nicht nur in Asien, Afrika und Lateinamerika statt, sondern auch in Deutschland. Erziehung zur Entwicklungsverantwortung ist daher ebenso notwendig wie ein Lebensstil, der auch die Lebensinteressen des (fernen) Nächsten im Blick behält. Hier muß in Zukunft von den Kirchen und ihren Hilfswerken mehr getan werden. Die Partner der Kirche und ihrer Diakonie in Übersee fordern immer dringlicher, daß im eigenen Land auf Bedingungen gedrängt wird, die es auch den »Ärmsten der Armen« ermöglichen, in Menschenwürde zu leben.

3.9 Die diakonische Kirche erneuern

(142) Diakonie ist eine Wesensäußerung und Sozialgestalt der Kirche. Wie die Wortverkündigung ist sie eine tragende Säule der Kirche. Die verfaßte Kirche und ihre organisierte Diakonie haben sich in ihrer Geschichte als eigenständige Bereiche entwickelt; ihr Verhältnis zueinander war und ist von Spannungen nicht immer frei. Sie müssen sich immer wieder neu als der eine Leib Christi verstehen.

(143) Programmatisch stellte Wichern fest: »Die innere Mission ist nicht eine Lebensäußerung außer oder neben der Kirche, will auch weder jetzt noch einst die Kirche selbst sein, wie man von ihr gefürchtet hat, sondern sie will eine Seite des Lebens der Kirche selbst

offenbaren, und zwar das Leben des Geistes der gläubigen Liebe, welche die verlorenen, verlassenen, verwahrlosten Massen sucht, bis sie sie findet. Sie anerkennt die ihr von der Heidenmission, den Konfessionen und dem geordneten Amte gestellten Grenzen.«

(144) Die Geschichte der diakonischen Kirche weist Zeiten des Aufbruchs, der Blüte, der Verirrung und des Niedergangs auf. Erneuerungen sind nur durch die Besinnung auf wesentliche Inhalte des biblischen Zeugnisses zustande gekommen. Was jeweils an den Anfängen klar war, wurde im Laufe von Entwicklungen verschüttet und mußte immer wieder neu ins Bewußtsein gerückt werden. Der Rückblick auf den biblischen und reformatorischen Auftrag der Kirche, auf die entstandenen diakonischen Traditionen und geschichtliche Erfahrungen weist ebenso auf die Notwendigkeit von Reformen hin wie der Blick auf die Herausforderungen in Gegenwart und Zukunft. Erneuerung ist deshalb zu verstehen als eine Verankerung der Diakonie in der Gemeinde, aber auch als ein Bearbeiten ungeklärter Fragen, als neues Bewußtwerden der Gaben und Aufgaben der Kirche als einer diakonischen Gemeinschaft und als neue Hinwendung zum Nächsten in den Nöten und Herausforderungen der Gegenwart:

(145) *Erneuerung – Diakonie in der Kirchengemeinde verankern:* Zahlreiche Gemeinden versuchen, als diakonische Gemeinden zu leben. Sie wollen hilfebedürftige Menschen nicht ausgrenzen. Im Gottesdienst wird die Diakonie Jesu dadurch bezeugt, daß konkrete Notlagen und entsprechende Dienste zum Thema werden und im Fürbittengebet aufgenommen werden. Die Gemeinde geht auf Menschen in Orientierungsnöten zu. Sie versteht sich als offene Gemeinde, die Empfangsräume für rat-, hilfe- und gemeinschaftsuchende Menschen schafft. Sie rechnet mit den Begabungen ihrer Mitglieder und versteht sich als eine Gemeinschaft, in der einer dem anderen »dient … mit der Gabe, die er empfangen hat« (1 Pt 4,10). Dadurch wird die Gemeinde erfahrbar

- als Ort der Orientierung, an dem aus dem christlichen Glauben heraus das Fragen nach Sinn und Ziel des menschlichen Lebens und des Lebens der Gesellschaft wachgehalten wird;
- als Ort der Umkehr und der Erneuerung, an dem Menschen sich verändern, auf ihre Mitmenschen und ihre Nöte aufmerksam werden und alte Verhaltensweisen ablegen;

- als Ort der Solidarität und Nächstenliebe, an dem untereinander und für andere die je eigene Verantwortung bejaht und praktiziert wird;
- als Ort der Freiheit, an dem erfahren werden kann, daß Freiheit und Bindung, Selbstentfaltung und Verbindlichkeit nicht Gegensätze sind, sondern sich gegenseitig bedingen; ihr wechselseitiger Bezug ist für ein gelingendes Leben wichtig;
- als Ort der Hoffnung, an dem Perspektiven gesucht werden für eine sinnvolle Gestaltung des gesellschaftlichen Zusammenlebens.

(146) Wie zukunftsweisend der Weg zu einer diakonischen Kirche ist, zeigt sich zum Beispiel in der Diskussion über erste Ansätze, den Diakonat in der Kirche als gleichrangig mit dem Verkündigungsauftrag zu betrachten und als geordnetes Amt der Kirche zu entwickeln (Vgl. Der evangelische Diakonat als geordnetes Amt der Kirche. Ein Beitrag der Kammer der EKD für Theologie, EKD-Texte 58, 1996). Die Evangeliumsverkündigung ist »als Begründung des rechtfertigenden Glaubens Existenzgrund der Kirche Jesu Christi, der Liebesdienst am Nächsten (ist) ihre vornehmste Lebensäußerung« (S.9), jedoch konstituieren »Unterschiede zwischen den geordneten Ämtern ... nach evangelischem Verständnis keine hierarchische Über- und Unterordnung« (S. 14).

(147) In der diakonischen Gemeinde kann sich der Pfarrer auf seine pastoralen Dienste konzentrieren, wenn in einer Gemeinde zugleich der diakonische Dienst Gestalt gewinnt: nicht nur in einer Diakonin, einem Diakon oder in Diakoniepresbytern, sondern möglichst in einem Gemeindediakonieausschuß nächst dem Presbyterium oder Kirchenvorstand. Hier muß die vielfältige, ehrenamtliche und hauptamtliche Arbeit der Diakonie in einer Gemeinde koordiniert und verantwortet werden. Es ist anzustreben, daß in einem Gemeindediakonieausschuß die vielfältige ehrenamtliche und hauptamtliche Arbeit der Diakonie einer Gemeinde koordiniert und verantwortet wird.

(148) Eine bleibende Aufgabe für Kirchengemeinden und diakonische Einrichtungen ist die Gestaltung ihrer Beziehung. Sie müssen immer wieder aufeinander zugehen und sich gemeinsam als Leib Christi verstehen.

(149) Die Diakonie behält eine gute Perspektive, wenn sich die Gemeinden als Dienstgemeinschaften verstehen. So werden sowohl in den diakonischen Einrichtungen und Diensten wie auch in den örtlichen Kirchengemeinden die Grundfunktionen kirchlichen Lebens aufeinander bezogen. In der Liturgie wird das von Gott gewährte Heil angeboten und vergegenwärtigt. Im Zeugnis der Gemeinde wird es in das Wort und – im Dienst der Gemeinde – in die Tat übersetzt. Dienstgemeinschaften und Gemeinden brauchen einander, weil das Wort nicht ohne die Tat und die Tat nicht ohne das Wort sein kann. Die Tat macht das Wort begreifbar, und das Wort macht die Tat eindeutig. Gemeinden und Dienstgemeinschaften bleiben darauf angewiesen, daß Gott sie durch seinen Geist in Anspruch nimmt und sich durch sie als der Helfende und Rettende den Menschen zuwendet.

(150) *Erneuerung – Bearbeiten ungeklärter Fragen:* Der Veränderungsbedarf in der verfaßten Kirche und ihrer Diakonie ist groß. In dieser Denkschrift sind im Blick auf die Zukunft der Diakonie wichtige Entscheidungsfragen angesprochen worden. Es konnten dabei nicht alle Fragen, die gegenwärtig anstehen, behandelt werden. Viele sind offen geblieben. Eine eingehende Diskussion in der Kirche muß sich dieser Fragen annehmen und in einem breiten Gespräch nach Lösungswegen suchen. Im folgenden sind deshalb einige der Fragen formuliert, die künftig behandelt werden und zu einer Veränderung und Erneuerung führen müssen:

- Wie können das Miteinander der verfaßten Kirche und ihrer Diakonie und die gegenseitige Unterstützung vertieft werden? Wie kann das Diakonische stärker im Leben der Gemeinde als heilender Gemeinschaft, wie in Gottesdienst und Gebet verankert werden? Wie kann es zu einer stärkeren Vernetzung von Gemeindediakonie, Kirchenkreisdiakonie und übergreifender Diakonie kommen? Wie kann es zu einem stärkeren persönlichen diakonischen Engagement der Christen in den Gemeinden kommen?
- Wie können die Chancen zu wirklich eigenständigen christlichen Angeboten und zu einem spezifisch christlichen Charakter der Arbeit genutzt werden? Welche Aufgaben und Möglichkeiten bestehen, spezifisch christliche Akzente auch in solchen Arbeitsfeldern zu setzen, die ansonsten von privatwirtschaftlichen und kommunalen Einrichtungen versorgt werden? Soll die Dia-

konie sich auf bestimmte Aufgaben (etwa diejenigen, die von den privatwirtschaftlichen Anbietern am Sozialmarkt nicht bedient werden) konzentrieren?

- Wie weit können Doppelstrukturen zwischen der verfaßten Kirche und ihrer Diakonie abgebaut werden? Wo haben Doppelstrukturen ihren guten Sinn? Welche strukturellen Veränderungen sind möglich, um solche Punkte, in denen ein Nebeneinander von verfaßter Kirche und ihrer Diakonie sichtbar zu werden scheint, zu überwinden und Diakonie als Arbeit der Kirche zu organisieren, zu der sich die Kirche mit Nachdruck bekennt? Wie kann vorhandenes Unbehagen in verfaßter Kirche und ihrer Diakonie offengelegt und abgebaut werden?
- Wie kann Diakonie Teil der »inneren Mission« sein? Was kann dafür getan werden, daß die tatsächlich geleistete volksmissionarische Arbeit der Diakonie genügend wahrgenommen und geschätzt wird? Wie können die Kirche und ihre Diakonie im Sinne Wicherns missionarischer werden? Hat die Kirche es nicht versäumt, das Wichernsche Erbe eines missionarisch-diakonischen Gemeindeaufbaus aufzunehmen?
- Wie kann sich Diakonie in einer Zeit leerer öffentlicher Kassen und finanzieller Probleme der Kirche neue Mittel erschließen? Welche neuen Strategien zur Gewinnung freier kirchlicher und privater Mittel und von Sponsoren müssen gefunden werden, um auch in nicht-marktbezogenen Arbeitsfeldern eine engagierte und hilfreiche Arbeit tun zu können? Wie weit muß Diakonie als soziale Arbeit der Kirche diese ihre Arbeit mit eigenen Kräften und mit kirchlichen Mitteln tragen?
- Wie weit muß, wie weit kann Diakonie Teil des sozialstaatlichen Systems sein? Wo liegen Aufgaben, wo die Grenzen der Zusammenarbeit mit dem Staat? Wo muß sie dem Staat widersprechen? Bis zu welcher Grenze kann die Diakonie Trägerfunktionen übernehmen und staatliche Mittel in Anspruch nehmen? Wie weit kann und wie weit soll die Diakonie Aufgaben des Staates übernehmen? Wo muß sie gerade ihre Stellung wahren? Wie ist auf die tiefgreifenden Änderungen der Strukturen der sozialen Sicherung, wie auf Sozialabbau zu reagieren? Woraus nähren sich Vorbehalte in der Kirche gegen die Rolle der Diakonie im Sozialstaat?
- Wie weit kann und wie weit muß die Diakonie privatwirtschaftliche Arbeitsformen übernehmen und zu einer unternehmerisch

geführten Diakonie werden? Wann muß es darum gehen, Gewinne zu erwirtschaften?

- Auf welche Aufgaben im Blick auf die Zukunft des Zivildienstes und eines freiwilligen sozialen Jahres müssen sich die Kirche und ihre Diakonie einstellen?
- Wie können diakonische Einrichtungen ihre christliche Identität wahren, bei denen weniger als zwei Drittel der Mitarbeiter der Kirche angehören?
- Braucht die Kirche eine Ordnung des Diakonats? Wie kann es zu einer breiten gemeinsamen Meinung in der Kirche über die Ordnung des Diakonats kommen?

(151) *Erneuerung – neue Hinwendung zum Nächsten in den Nöten und Herausforderungen der Gegenwart:* Nach dem biblischen Zeugnis sind die Bekehrung der Herzen und die Erneuerungsbereitschaft in den Institutionen die Voraussetzung für wirksames helfendes Handeln. Das prophetische Zeugnis des Alten Testaments weckt Menschen auf aus Gleichgültigkeit, Müdigkeit und Egoismus. Es öffnet die Augen für Menschen in Not, besonders für die sozial Gefährdeten, die Fremden sowie die Kranken und Alten. Der Ruf Jesu zur Umkehr zu Gott wird verbunden mit dem Aufruf zur Hinwendung zum Nächsten. So wird der innere Vorgang der Buße nach außen deutlich durch die Bereitschaft zur Hilfe. Sie wendet sich den Armen, Kranken und Ausgegrenzten zu, gewährt praktische Unterstützung und gewährleistet die Teilhabe der Ausgegrenzten an der Gemeinschaft im Gottesdienst und im Alltag. Da in jeder Gesellschaft aufs neue Ausgrenzungen geschehen, begegnet auch der Nächste in einer sich ändernder Gestalt. Der fernste Nächste ist das Ziel der Diakonie, daher muß sie einen hohen Grad an Flexibilität und Anpassungsfähigkeit aufweisen. Hervorstechendes Merkmal Jesu und seines Handelns ist sein Dienst an der Freiheit des Menschen. Sein helfendes Handeln wird immer wieder von der Aufforderung »geh hin« begleitet, von der Aufforderung, seinen Weg fortzusetzen, denn Dienst am Menschen soll keine Abhängigkeit erzeugen.

(152) *Erneuerung – Aufbruch zu einer diakonischen Bewegung:* Diakonie als Gestalt der Kirche besteht heute aus zahllosen Initiativen, Einrichtungen, Netzen, Werken, Verbänden, Gemeinschaften, Arbeitskreisen u.a.m. Es ist sehr viel in Bewegung gekommen, und es

ist ein großer Schatz der Solidarität, der Hilfe und Fürsorge entstanden, auf den Kirche und Gesellschaft mit großer Dankbarkeit sehen können. Es gilt, den Schatz bewährter Traditionen sich anzueignen, das Entstandene und Vorhandene zu sehen und als Chance zu begreifen. Diakonie als Dienst am Menschen in der Nachfolge Jesu steht vor der Aufgabe, sich stets neu zu orientieren, fortlaufend zu lernen, sich zu verändern und zu erneuern, um den Menschen in sich ändernden Notsituationen zu begegnen. Diakonie, das ist mehr als nur ein Arbeitszweig unter anderen Arbeitszweigen in der Kirche. Diakonie, dies ist eine Bewegung, die Christen erfaßt und motiviert, sich als Ausdruck ihres christlichen Glaubens ihren Mitmenschen zuzuwenden. So vielen, die sich hineinnehmen lassen in diese Bewegung, erschließt sich das biblische Zeugnis als eine nicht versiegende Quelle für den Mut zur Veränderung und für die Hilfe bei Armut, Leid, Not und Schmerzen. Gottes Zuspruch und Anspruch in seinem Wort wecken solchen Mut und stärken die Demut, den Armen, Hilfebedürftigen und Kranken beizustehen und für ihr Recht einzutreten. Sie sind Grundlage für den Weg der Diakonie in die Zukunft. Jesus Christus bezeugt den Anbruch der Gottesherrschaft nicht nur durch sein Wort, sondern verdeutlicht sie auch durch seine Sündenvergebung, sein Heilen, Helfen und Retten. Sein Wort und seine Tat ergreifen den Menschen in seiner den Leib, die Seele und den Geist umfassenden Ganzheit. Was nach dem Neuen Testament Jesus Christus vom Dienst sagt und wie er selbst sich als Diener bezeichnet und entsprechend gehandelt hat, bleibt Maßstab für diakonisches Handeln heute.

4. Dank

(153) Mit großer Dankbarkeit blickt die Kirche heute zurück auf die eindrucksvolle und geschichtlich bedeutsame soziale und humanitäre Leistung, die seit dem Wittenberger Kirchentag 1848 und den Anfängen der Inneren Mission von unzähligen Christen in der diakonischen Arbeit erbracht worden ist. Es ist möglich gewesen, einen großen Arbeitszweig mit Krankenhäusern, Heimen, Tagesstätten, Pflegeeinrichtungen, Sozialstationen, Hospizen, Initiativen usf. aufzubauen und fortzuentwickeln. Die moderne kirchliche Diakonie ist heute eine der tragenden Säulen des sozialen Gemeinwesens und des modernen Sozialstaates. Sie hat gute Möglichkeiten, trotz mancher Belastungen ihrer Arbeit auch schwierige Zukunftsaufgaben zu lösen und zur nötigen Versorgung der Hilfebedürftigen in den kommenden Jahrzehnten beizutragen. Der Diakonie und ihren Einrichtungen gilt es ebenso Dank zu sagen wie den unzähligen Spendern der Aktion »Brot für die Welt« und den engagierten Kirchengemeinden. Besonderer Dank gilt jedoch vor allem den vielen einzelnen hauptamtlichen und freiwilligen Kräften, die sich im Geist Christi für ihre Mitmenschen einsetzen und persönliche Opfer nicht scheuen. Mit großem Nachdruck bekennt sich die Kirche zu ihrer Arbeit. Ihr Dienst ist nicht nur Hilfe für den Nächsten, sondern auch bereichernder Beitrag zum Leben der Kirche und zur Verkündigung der frohen Botschaft von der Barmherzigkeit Gottes für diese Welt.

Mit der Vorbereitung der Denkschrift war eine ad-hoc-Kommission beauftragt, der folgende Mitglieder angehörten:

Prof. Dr. Dr. Theodor Strohm, Heidelberg (Vorsitzender)
Landesbischof Dr. Christian Krause, Wolfenbüttel (stellv. Vorsitzender)

Direktor Dr. Gysbert Boer, Driebergen
Theologischer Vorstand Cornelia Coenen-Marx, Düsseldorf
Direktor Dr. Gerd Federlin, München
Diakon Hans Flierl, München
Frau Monika Gerstner, Hannover
Präsident Jürgen Gohde, Stuttgart
Bischof Dr. Walter Klaiber, Frankfurt/M.
Diakonisse Hanna Lachenmann, Frankfurt/M.
Dr. Britta von Schubert, Heidelberg
Prof. Dr. Reinhard Turre, Magdeburg
Direktor Dr. Rudolf Weth, Neukirchen-Vluyn
Frau Lucie Zschiegner, Wolfen

Direktor Dr. Karl Dietrich Pfisterer, Stuttgart (Geschäftsführer)
Oberkirchenrat Tilman Winkler, Hannover (Geschäftsführer)

Anhang

Leitbild Diakonie[1] – damit Leben gelingt!

Einführung

Das Leitbild des Diakonischen Werks der Evangelischen Kirche in Deutschland will Orientierung geben, Profil zeigen, Wege in die Zukunft weisen. Wir in der Diakonie sagen damit, wer wir sind, was wir tun und warum wir es tun.
Mit dem Leitbild beschreiben wir, wie Diakonie ist, und mehr noch, wie sie sein kann. Ob diese Diakonie von morgen Wirklichkeit wird, hängt von unserer Bereitschaft ab, das Leitbild gemeinsam mit Leben zu erfüllen. Wir nehmen uns vor, das Leitbild in unserer täglichen Arbeit vorzuleben, es verbindlich und überprüfbar zu machen. Wir verstehen das Leitbild als Selbstverpflichtung. Das Kronenkreuz ist unser Zeichen.

Wir orientieren unser Handeln an der Bibel.

Wir nehmen den einzelnen Menschen wahr.
Darin sehen wir unseren Auftrag in der Nachfolge Jesu.
Wir schauen Not, Leid und Schwäche als Teil des Lebens ins Gesicht.
Wir wenden uns nicht ab, sondern lassen uns anrühren.
Dazu befähigen uns das Leiden und Sterben Jesu am Kreuz.
Seine Auferstehung schenkt uns den Glauben an die Überwindung des Todes.
Aus dieser Hoffnung handeln wir, auch in Krisen, die uns mitten im Leben begegnen.
Durch den Heiligen Geist ist sie in uns lebendig.

Unser Glaube spricht durch Taten. Er zeigt sich in der Art, wie wir tun, was wir tun. Wir geben weiter, was wir von Gott empfangen. Es ist das Besondere christlicher Auferstehungshoffnung, Bruchstückhaftigkeit als Teil und Kennzeichen menschlichen Lebens anzunehmen. Wir leben in der Gewißheit, daß Gottes Wort uns mit der Hoffnung auf Überwindung allen Leides und des Todes dann aufrichtet, wenn wir am Ende sind.

1. Leitbild Diakonie, nach einem Konsultationsprozeß angenommen von der Diakonischen Konferenz der EKD am 15. Oktober 1997 in Bremen.

Wir achten die Würde jedes Menschen.

Die Bibel nennt den Menschen, Mann und Frau, das »Ebenbild Gottes«.
Gott will und liebt jeden Menschen, unabhängig davon, was er ist und was er kann.
Er nimmt ihn an – auch im Scheitern und in der Schuld.
Daran richten wir unser Handeln aus.
Wir treten besonders für Menschen ein, deren Würde mißachtet wird.

Gott traut uns zu, solidarisch zu handeln, das Recht der Schwachen und Fremden zu achten und jedem Gerechtigkeit zukommen zu lassen. Dies gibt uns Kraft, den Menschen vorbehaltlos anzunehmen. Diakonisches Handeln fragt nicht nur nach dem, was der Mensch braucht, sondern auch nach dem, was er will. Menschen können zwar würdelos handeln, aber dennoch ihre Würde nicht verlieren, weil Gott in Jesus Christus den Menschen auch in seinem tiefsten Scheitern angenommen hat. Diese Überzeugung verpflichtet uns im diakonischen Handeln.
Zur Würde des Menschen gehört, daß Anfang, Mitte und Ende des Lebens in Gottes Hand liegen. Die Einsicht in Versagen und Schuld der Vergangenheit schärft das Gewissen.

Wir leisten Hilfe und verschaffen Gehör.

Wir begleiten und beraten Menschen in allen Lebenslagen.
Wir pflegen und heilen, trösten, stärken und fördern sie und bilden sie aus.
Zugleich erheben wir unsere Stimme für diejenigen, die nicht gehört werden. Gemeinsam mit anderen treten wir für eine menschenwürdige Gesetzgebung, chancengerechte Gesellschaft und eine konsequente Orientierung am Gemeinwohl ein.
Gerade in Zeiten des Umbruchs halten wir an der Verheißung von Frieden und Gerechtigkeit fest.

Als Gebende sind wir auch Empfangende. Als Helfer sind wir zugleich Hilfsbedürftige. Im gegenseitigen Geben und Nehmen erleben wir Gemeinschaft und entdecken, daß Glaube und Persönlichkeit wachsen. Wir verstehen helfende Beziehungen umfassend als Für-, Vor- und Nachsorge. Dabei geht es uns sowohl um den Menschen in seiner persönlichen Situation als auch in seinen sozialen Verhältnissen. Deshalb ist die Integration Ausgegrenzter, Armer und Schwacher in die Gesellschaft – insbesondere die Bekämpfung der Arbeitslosigkeit – Anliegen vielfältiger diakonischer Initiativen. Die Teilhabe aller am Leben in der Gemeinschaft ist unser Ziel.

Wir sind aus einer lebendigen Tradition innovativ.

Wir begegnen neuen Herausforderungen kreativ und innovativ.
In langer Tradition haben wir vielfältige Hilfeformen diakonischer Arbeit entwickelt.
Wir haben damit Sozialgeschichte gestaltet.
Diese Erfahrungen nutzen wir, um in einer sich verändernden Welt wirksam zu helfen.

Diakonie hat ihre Wurzeln im Glauben Israels und der frühen Christenheit. Seither haben sich Formen diakonischen Handelns über das Mittelalter und die Reformation hinaus erhalten und weiterentwickelt.
Evangelische Christen haben immer wieder die Not ihrer Mitmenschen gesehen und sich mit anderen zusammengeschlossen, um diese Not zu lindern. Diakonie ist deshalb von je her verknüpft mit der Sozialgeschichte am Ort und den Initiativen einzelner Persönlichkeiten. Der Kirchentag in Wittenberg 1848 war Auslöser, diese Initiativen in einem Dachverband der Inneren Mission zusammenzufassen.
Die Diakonie ist bis heute von Brüder- und Schwesternschaften geprägt, deren Mitglieder im Dienst am Nächsten und im gemeinsamen Leben verbunden sind.
Unsere Tradition verpflichtet uns. Wir nehmen sie auf, übertragen sie in die Herausforderungen der Zeit. Wir entwickeln sie auf die Anforderungen der Zukunft hin weiter.

Wir sind eine Dienstgemeinschaft von Frauen und Männern im Haupt- und Ehrenamt.

Wir unterstützen einander in unserer täglichen Arbeit.
Dazu gehören Angebote der Sinngebung, der Glaubenshilfe und der Seelsorge.
Durch gegenseitige Information schaffen wir Vertrauen und Transparenz.
Wir fördern Eigeninitiative und fachliche Kompetenz.
Konflikte und Kritik nutzen wir als Chance, um unsere Arbeit zu verbessern.
Durch Aus-, Fort- und Weiterbildung sichern wir Professionalität.
Wir praktizieren und fördern die Gleichstellung von Frauen und Männern.

Als diakonische Mitarbeiterinnen und Mitarbeiter sind wir bereit, dem Nächsten zu dienen. Als diakonische Arbeitgeber schaffen wir den Rahmen, in dem Mitarbeiterinnen und Mitarbeiter im Haupt- und Ehrenamt ihre individuellen Begabungen und fachlichen Fä-

higkeiten entfalten und weiterentwickeln und einander ergänzen können.
Mitarbeiter und Mitarbeiterinnen kommen auf verschiedenen Wegen zur Diakonie.
In unserer Dienstgemeinschaft lassen wir unterschiedliche Meinungen gelten. Konflikte tragen wir in gegenseitigem Respekt aus. Wir bleiben verpflichtet, theologisch begründet, sozial kompetent, fachlich qualifiziert, ökonomisch verantwortlich und ökologisch orientiert zu handeln.
Die Verknüpfung der Lebenswirklichkeiten im Osten und im Westen Deutschlands sehen wir als Geschenk und Herausforderung.

Wir sind dort, wo uns Menschen brauchen.

Als kirchliches Werk sind wir in den Auftrag der evangelischen Kirchen eingebunden. Mit unserem Handeln verkünden wir die Menschenfreundlichkeit Gottes.
Als freier Wohlfahrtsverband sind wir Teil des Sozialsystems.
In kritischer Partnerschaft gestalten wir den Sozialstaat mit.

Diakonie hat Organisationsstrukturen auf Orts-, Landes- und Bundesebene. Diese Strukturen sind gekennzeichnet durch so viel Stabilität wie nötig und so viel Flexibilität wie möglich.
Durch unsere Arbeit in den Kirchengemeinden, Diensten und Einrichtungen sind wir Menschen nahe.
Selbsthilfegruppen und Initiativen finden bei uns ihren Raum.

Wir sind Kirche.

Diakonie erfahren heißt erkennen: Die Kirche lebt!
Diakonie ist Christsein in der Öffentlichkeit.
Sie ist Wesens- und Lebensäußerung der evangelischen Kirchen.
Diakonie geht aus vom Gottesdienst der Gemeinde.
Sie ist gelebter Glaube, präsente Liebe, wirksame Hoffnung.
Diakonie macht sich stark für andere.

»Die Kirche steht unter dem Auftrag, durch ihre Verkündigung, durch ihr Sein und Handeln die im Evangelium von Jesus Christus bezeugte Liebe Gottes der Welt mitzuteilen« (Leitlinien zum Diakonat, Art. 1,1). Deshalb ist Diakonie nach einem Wort aus dem

19. Jahrhundert »Innere Mission«. Mit unserer Arbeit veranschaulichen wir das Evangelium und laden zum Glauben ein.

Wir setzen uns ein für das Leben in der Einen Welt.

Aus Verantwortung für die Eine Welt wirken wir dort, wo Not herrscht.
Gerechtigkeit für die Armen, Bewahrung des Friedens und der Schöpfung sind Bausteine für eine gemeinsame Welt.
»Brot für die Welt«, »Kirchen helfen Kirchen« und »Hoffnung für Osteuropa« sind unser Beitrag.
Diese Zusammenarbeit erleben wir als wechselseitigen Prozeß und als Chance für uns selbst.
Wir sind in die weltweite Diakonie der ökumenischen Gemeinschaft der Kirchen eingebunden.

Wir begreifen die europäische Einigung als Chance und Herausforderung, Versöhnung zu leben und einen Ausgleich zu schaffen. Im eigenen Land haben wir Deutsche nach dem zweiten Weltkrieg auf vielfältige Weise aus anderen Ländern und Kirchen Hilfe erfahren. Als Zeichen der Solidarität beteiligen wir uns heute am Netzwerk einer ökumenichen Diakonie. Wir engagieren uns entwicklungspolitisch. Wir initiieren Projekte, die darauf zielen, auf Dauer Not zu verhindern. Wir fördern Strukturen, die Menschen zur Selbsthilfe befähigen. Im grenzüberschreitenden Dialog versuchen wir Schranken abzubauen und Vertrauen zu schaffen. Gemeinsam mit Partnern aus anderen Kirchen und Ländern übernehmen wir Verantwortung für soziale Gerechtigkeit, für die Bewahrung der Schöpfung und für die Erhaltung des Friedens.